SECURITY OF INDUSTRIAL INTERNET

—— 100 Q&As ——

工业控制系统安全国家地方联合工程实验室

／著／

工业互联网安全

百问百答

電子工業出版社

Publishing House of Electronics Industry

北京 · BEIJING

内容简介

当前工业互联网安全威胁复杂多样。标识解析系统、工业互联网平台、工业数据、联网设备及系统等，面临病毒木马感染、拒绝服务、高级持续性威胁等网络攻击。加之企业安全意识、防护能力不足，安全体系不够完善等，为工业互联网安全带来挑战。本书采用问答的形式，系统梳理、介绍了当前工业互联网安全领域的热点问题，内容包括工业互联网基本概念、面临的安全问题现状、典型安全事件、常用通信协议、安全防护理念、安全防护技术等。

本书可供主管部门相关负责人，工业企业及其上下游厂商的管理人员和安全人员，安全企业从业者，工业互联网安全相关研究机构研究人员，高等院校相关专业教师、学生，以及其他对工业互联网安全感兴趣的读者学习参考。

图书在版编目（CIP）数据

工业互联网安全百问百答/工业控制系统安全国家地方联合工程实验室著. —北京：电子工业出版社，2020.2

ISBN 978-7-121-38319-9

Ⅰ. ①工…　Ⅱ. ①工…　Ⅲ. ①互联网络－应用－工业发展－网络安全－问题解答
Ⅳ. ①F403-39 ②TP393.08

中国版本图书馆 CIP 数据核字（2020）第 021809 号

责任编辑：戴晨辰
印　　刷：北京盛通商印快线网络科技有限公司
装　　订：北京盛通商印快线网络科技有限公司
出版发行：电子工业出版社
　　　　　北京市海淀区万寿路 173 信箱　　邮编：100036
开　　本：720×1 000　1/16　印张：11.75　　字数：186 千字
版　　次：2020 年 2 月第 1 版
印　　次：2021 年 10 月第 3 次印刷
定　　价：52.00 元

凡所购买电子工业出版社图书有缺损问题，请向购买书店调换。若书店售缺，请与本社发行部联系，联系及邮购电话：（010）88254888，88258888。

质量投诉请发邮件至 zlts@phei.com.cn，盗版侵权举报请发邮件至 dbqq@phei.com.cn。

本书咨询联系方式：dcc@phei.com.cn。

前言
PREFACE

为了适应新形势下的工业生产技术革新和竞争环境，工业控制系统将逐步从独立的生态环境走向网络化环境，形成工业互联网。随着信息系统和控制系统的不断融合及控制系统自身功能的不断增多，使得其面临的安全威胁日益严峻，因此，需要更多的安全人员加入工业互联网安全的防护工作中。传统的网络安全防护方法不能简单复制、移植到工业互联网中，需要针对工业控制系统的特点量身定制，方可有效保障工业控制系统的正常运营。因此，要求从事工业互联网安全的安全人员应对工业互联网自身及其安全特性有一定的了解，才能更快、更好地构建工业互联网的安全防护体系。

本书采用问答形式，回答人们当前关注的工业互联网安全问题，可供主管部门相关负责人，工业企业及其上下游厂商的管理人员和安全人员，安全企业从业者，工业互联网安全相关研究机构研究人员，高等院校相关专业教师、学生，以及其他对工业互联网安全感兴趣的读者学习参考。

作者的编写初衷是希望本书成为一本快速为读者解答工业互联网安全相关问题的科普手册。在编写过程中，将工业互联网安全的热点问题分为 18 章进行归纳和总结。读者可以不必按照章节顺序逐一阅读，直接找到希望了解或者感兴趣的内容翻看即可。

本书在工业互联网、工业控制系统、工业大数据部分介绍了一些基本概念、关键知识，供初学者了解、学习。在工业互联网安全和相关法律法规部分，详细解答了当前工业互联网安全的形势、特点、环境等，并梳理了近些年国家、相关部门出台的重要法律法规，以及等保 2.0 对工业控制系统安全的新要求。并且分析和整理了近些年专门针对工业互联网的木马病毒和黑客组织，以及影响工业互联网安全的勒索病毒。希望通过回答这些问题帮助读者建立工业互联网安全的基础知识体系。想要了解工业互联网，就要了解工业控制系统和网络。在工业控制系统安全部分，解答了工业控制系统和信息系统的差异，分析了攻击者实施攻击的途径、方法，遭遇攻击后将造成的后果等。在工业控制系统的暴露与漏洞部分，解答了哪些设备系统容易暴露、工业控制漏洞的特点和危害等。在工业控制网络常用通信协议部分，分析了多种当前主流的通信协议，并阐述其面临的安全威胁。在工业互联网防护常用模型、关键防护技术、主流安全产品部分，为读者解答了最新的、实用的安全思想和安全理念，对热点安全技术进行详细介绍，并且分析了主流安全产品的特点及其与信息系统中相类似产品的差异。最后，本书还介绍了网络安全应急响应、工业互联网安全应急响应典型案例、典型行业的工业控制安全解决方案和工业互联网的重大安全事件，增强读者的安全意识，避免安全事件的发生，或在事件发生后快速处理、减少损失。

本书的出版希望可以解决读者在工业互联网安全工作、学习中遇到的普遍问题，提高个人安全素养。同时，希望能够有更多的安全工作者投身到工业互联网安全的研究、防护工作中，切实维护工业互联网安全。

最后，特别感谢奇安信集团左英男、裴智勇、刘洋、马红丽、崔君荣、王弢积极组织本书的出版。同时，本书的顺利出版离不开电子工业出版社戴晨辰编辑的大力支持，以及其他工作人员的辛勤付出，在此向他们一并表示感谢。由于作者水平有限，不妥之处在所难免，恳请网络安全业界专家、广大读者朋友批评指正，共同为我国网络空间安全科普与教育事业贡献力量！

作　者

目 录

CONTENTS

第 1 章 工业互联网

1 什么是工业互联网? // 1
2 工业互联网与传统互联网有什么区别? // 2
3 工业互联网与智能制造的关系是什么? // 3
4 工业互联网与工业大数据的关系是什么? // 3
5 工业互联网体系架构是什么? // 4
6 工业互联网有哪些主要应用模式? // 5
7 什么是工业互联网网络? // 5
8 什么是工业互联网标识解析系统? // 6
9 什么是工业互联网平台? // 6

第 2 章 工业互联网安全

10 什么是工业互联网安全? // 7
11 工业互联网安全有什么特征? // 7
12 工业互联网安全为何如此重要? // 8
13 工业互联网当前的安全环境如何? // 9
14 企业在 OT 安全管理方面普遍存在的问题是什么? // 14
15 工业互联网安全框架是什么? // 17
16 工业互联网安全防护范围和保护内容是什么? // 19

第 3 章 工业互联网安全相关法律法规

17 国家层面发布的重要法律法规、文件有哪些? // 22
18 重点部门发布的重要法律法规、文件有哪些? // 24

19 工业互联网安全标准体系建设的重要文件有哪些？ // 29
20 等保 2.0 对工业控制系统安全的重点要求有哪些？ // 32

第 4 章
专门针对工业互联网的木马病毒
21 什么是震网病毒（Stuxnet）？ // 39
22 什么是毒区病毒（Duqu）？ // 40
23 什么是火焰病毒（Flame）？ // 40
24 什么是 Havex 木马程序？ // 41
25 什么是 VPNFilter 病毒？ // 41
26 什么是 Triton 病毒？ // 42
27 什么是沙蒙病毒（Shamoon）？ // 42
28 什么是格盘病毒？ // 43
29 什么是 BlackEnergy 病毒？ // 44
30 什么是 GreyEnergy 病毒？ // 45
31 什么是 Industroyer 病毒？ // 45

第 5 章
影响工业互联网的勒索病毒
32 什么是 WannaCry 勒索病毒？ // 47
33 什么是 GlobeImposter 勒索病毒？ // 48
34 什么是 Crysis/Dharma 勒索病毒？ // 49
35 什么是 GandCrab 勒索病毒？ // 50
36 什么是 Satan 勒索病毒？ // 51
37 勒索病毒对工业控制系统有哪些破坏？ // 52
38 遭遇勒索病毒后如何进行自救？ // 53

第 6 章
攻击工业互联网的知名黑客组织
39 什么是 Equation Group？ // 55
40 什么是 Dragonfly？ // 57
41 什么是 Xenotime？ // 57
42 什么是 Sandworm？ // 58

第 7 章
工业控制系统（ICS）

43 什么是工业控制系统？ // 59
44 什么是工业控制网络？ // 60
45 工业控制系统的架构是如何划分的？ // 60
46 工业控制系统与信息系统的区别是什么？ // 61
47 工业控制系统有哪些重要系统/设备？ // 63

第 8 章
工业控制系统安全

48 为什么要保护工业控制系统？ // 68
49 工业控制系统安全与信息系统安全三要素的差异是什么？ // 68
50 工业控制系统的脆弱性有哪些？ // 69
51 哪些攻击者会对工业控制系统发起攻击？ // 71
52 入侵工业控制系统的途径有哪些？ // 72
53 工业控制系统的常见攻击类型有哪些？ // 75
54 工业控制系统遭受攻击后有哪些后果？ // 78
55 影响工业控制系统安全的问题有哪些？ // 81

第 9 章
工业控制系统的暴露与漏洞

56 工业组件的暴露数量与分布情况如何？ // 83
57 工业控制系统的漏洞有哪些特点？ // 84
58 工业控制系统有哪些常见漏洞类型及造成了什么样的危害？ // 86
59 哪些工业控制组件漏洞多？ // 91
60 目前有利用工业控制漏洞攻击的真实案例吗？ // 92

第 10 章
工业控制网络常用通信协议

61 什么是 Ethernet 协议？ // 93
62 什么是 TCP/IP 协议？ // 94
63 什么是 Modbus 协议？ // 95

64 什么是 PROFIBUS 协议？ // 96
65 什么是 CANBUS 协议？ // 97
66 什么是 OPC 协议？ // 98
67 什么是 DNP3.0 协议？ // 99
68 什么是 EtherCAT 协议？ // 100

第 11 章 工业大数据
69 什么是工业大数据？ // 102
70 工业大数据有哪些特点？ // 102
71 工业大数据的应用方向是什么？ // 103
72 工业大数据维度的发展趋势是什么？ // 103
73 工业大数据面临哪些安全挑战？ // 104

第 12 章 工业互联网防护常用模型
74 什么是工业互联网安全自适应防护模型？ // 105
75 什么是工业控制系统网络杀伤链模型？ // 107
76 什么是网络安全滑动标尺模型？ // 110
77 什么是高中低位能力安全产品体系？ // 112
78 什么是零信任安全架构？ // 113

第 13 章 工业互联网关键防护技术
79 什么是基于“白名单”的主机防护技术？ // 116
80 什么是基于可靠性提升和专有协议识别的防护技术？ // 116
81 什么是基于镜像流量的工业互联网威胁检查技术？ // 117
82 什么是基于模糊测试的工业控制设备漏洞挖掘技术？ // 117
83 什么是工业控制系统漏洞挖掘与分析技术？ // 118
84 什么是基于指纹识别和漏洞库的工业控制设备漏洞扫描技术？ // 118

85 什么是基于威胁情报的工业威胁检测技术? // 119
86 什么是基于大数据处理的工业态势感知技术? // 119
87 什么是网络安全、功能安全、可靠性融合技术? // 119

第14章 工业互联网主流安全产品
88 什么是工业防火墙和工业网闸? // 121
89 为什么信息系统防火墙不适用于工业网络? // 121
90 什么是工业主机安全防护? // 123
91 为什么信息系统杀毒软件不适用于工业生产环境? // 124
92 什么是工业安全监测产品? // 125
93 为什么工业生产环境需要进行安全监测? // 125
94 什么是工业安全检查评估工具? // 126

第15章 网络安全应急响应
95 什么是网络安全应急响应? // 128
96 网络安全应急响应相关的重要法律法规、政策有哪些? // 129
97 网络安全应急响应事件等级如何划分? // 131
98 企业网络安全应急响应应具备哪些能力? // 132
99 网络安全应急响应常用的方法学是什么? // 134
100 如何组建网络安全应急响应组织体系? // 136
101 网络安全事件的应急响应的流程包括哪些部分? // 139

第 16 章 **工业互联网安全应急响应典型案例**

102 生产线遭遇勒索病毒攻击怎么办? // 148
103 办公网络遭遇勒索病毒攻击怎么办? // 149
104 遭遇挖矿蠕虫病毒攻击怎么办? // 150
105 工业互联网安全应急响应的发展与趋势是什么? // 151

第 17 章 **典型行业的工业控制安全解决方案**

106 电力行业如何保障安全? // 154
107 轨道交通行业如何保障安全? // 157
108 石油石化行业如何保障安全? // 158
109 政府监管机构如何保障安全? // 160
110 智能制造企业如何保障安全? // 163
111 高校如何保障安全? // 167
112 烟草行业如何保障安全? // 168
113 监管部门如何保障安全? // 170

第 18 章 **工业互联网的重大安全事件**

114 水利领域有哪些典型的工业互联网安全事件? // 172
115 电力领域有哪些典型的工业互联网安全事件? // 173
116 交通领域有哪些典型的工业互联网安全事件? // 175
117 能源领域有哪些典型的工业互联网安全事件? // 175
118 制造业领域有哪些典型的工业互联网安全事件? // 177

第 1 章

工业互联网

1 什么是工业互联网？

工业互联网是新一代信息通信技术与工业经济深度融合的全新工业生态、关键基础设施和新型应用模式，通过人、机、物的全面互联，实现全要素、全产业链、全价值链的连接，将推动形成全新的工业生产制造和服务体系。

“工业互联网”的概念，最初是由 GE（美国通用电气公司）在 2012 年出版的《工业互联网：打破智慧与机器的边界》中提出的，将工业革命的成果及其带来的机器、设施、系统网络与互联网革命的最新成果（智能设备、智能网络和智能决策）融合称为“工业互联网”。工业互联网是全球工业系统与先进的计算、分析、低成本传感技术及全新的互联网连接融合的结果，是数字世界与机器世界的深层次融合。GE 认为工业互联网的关键因素是智能机器、高级分析和工作中的人，并称工业互联网是继工业革命和互联网革命之后的第三次技术浪潮。

工业互联网产业联盟在发布的《工业互联网体系架构（版本 1.0）》中指出，工业互联网是互联网和新一代信息技术与工业系统全方位深度融合所形成的产业和应用生态，是工业智能化发展的关键综合信息基础设施。其本质是以机器、原材料、控制系统、信息系统、产品及人之间的网络互联为基础的，通过对工业数据的全面深度感知、实时传输交换、快速计算处理和高级建模分析，实现智能控制、运营优化和生产组织方式变革。

工业互联网是为了进一步提高生产效率，将工业领域应用的各种智能机器、智能仪表、传感器、执行器、控制器及各种生产管理系统通过互联网跨地域连接在一起形成的网络，这个网络不仅进行简单的信息交流，还进行实时的决策和控制，是传统信息技术（IT）和控制技术（OT）融合的产物。工业互联网体系架构如图 1-1 所示。

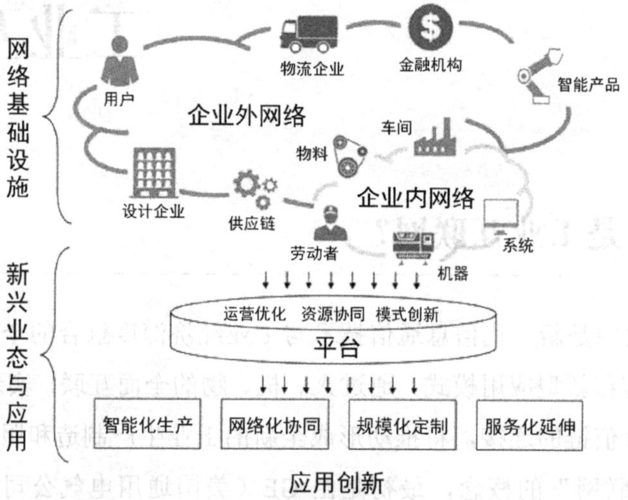

图 1-1 工业互联网体系架构

2 工业互联网与传统互联网有什么区别？

与传统的互联网相比，工业互联网有以下几个特点。

连接对象不同。传统互联网的连接对象主要是人，应用场景相对简单；工业互联网需要连接人、机、物、系统等，连接种类和数量更多，场景十分复杂。

技术要求不同。传统互联网技术特点突出体现为“尽力而为”的服务，对网络性能要求相对不高；工业互联网则必须具有更低时延、更强可靠性和安全性，以满足工业生产的需要。

发展模式不同。传统互联网应用门槛低，发展模式可复制性强，产业由互联网企业主导推动，并且投资回报周期短，容易获得社会资本的支持；工业互联网行业标准多、应用专业化，难以找到普适性的发展模式，制造企业在产业推进中发挥至关重要的作用，并且工业互联网资产专用性强，投资回报周期长，难以吸引社会资本投入。

时代机遇不同。我国的传统互联网起步较晚，总体上处于跟随发展状态；而目前全球工业互联网产业格局未定，我国正处在大有可为的战略机遇期。

3 工业互联网与智能制造的关系是什么？

工业互联网产业联盟在发布的《工业互联网体系架构（版本 1.0）》中指出，作为当前新一代产业变革的核心驱动和战略焦点，智能制造是基于物联网、互联网、大数据、云计算等新一代信息技术，贯穿于设计、生产、管理、服务等制造活动的各个环节，具有信息深度自感知、智能优化自决策、精准控制自执行等功能的先进制造过程、系统与模式的总称。具有以智能工厂为载体，以生产关键制造环节智能化为核心，以端到端数据流为基础，以全面深度互联为支撑四大特征。

智能制造与工业互联网有着紧密的联系，智能制造的实现主要依托两方面基础能力，一是工业制造技术，包括先进准备、先进材料和先进工艺等，是决定制造边界与制造能力的根本；二是工业互联网，包括智能传感控制软/硬件、新型工业网络、工业大数据平台等综合信息技术要素，是充分发挥工业装备、工艺和材料潜能，提高生产效率，优化资源配置效率，创造差异化产品和实现服务增值的关键。因此，工业互联网是智能制造的关键基础，为其变革提供了必需的共性基础设施和能力，同时也可以用于支撑其他产业的智能化发展。

4 工业互联网与工业大数据的关系是什么？

工业互联网是互联网与智能制造的交叉点，是互联网和新一代信息技术与工业系统全方位深度融合所形成的产业和应用生态。

工业大数据是大数据与智能制造的交叉点，是工业互联网的核心，是工业智能化发展的关键。

5 工业互联网体系架构是什么？

2017 年 11 月，国务院印发了《深化“互联网+先进制造业”发展工业互联网的指导意见》，这是规范和指导我国工业互联网发展的纲领性文件。该文件确定了工业互联网体系架构，包括网络、平台、安全三大体系。2019 年 2 月，工业互联网产业联盟发布了《工业互联网标准体系（版本 2.0）》的文件，修订了《工业互联网体系架构（版本 1.0）》。通过网络、平台、安全三大体系来打造人、机、物全面互联的新型网络基础设施，形成智能化发展的新兴业态和应用模式。工业互联网体系架构如图 1-2 所示。

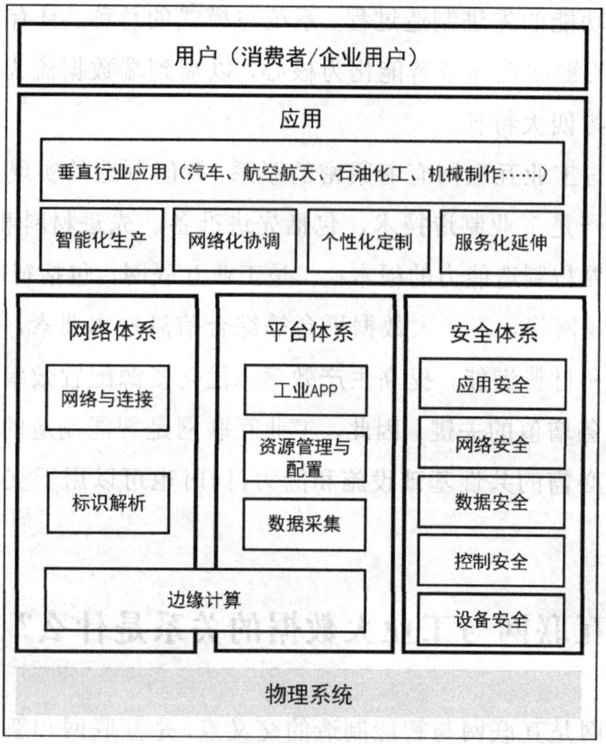

图 1-2 工业互联网体系架构

网络体系是工业互联网的基础，将连接对象延伸到工业全系统、全产业链、全价值链，可实现人员、物品、机器、车间、企业等全要素，以及设计、研发、生产、管理、服务等各环节的泛在深度互联，包括网络连接、标识解析、边缘计算等关键技术。

平台体系是工业互联网的核心，是面向制造业数字化、网络化、智能化需求，构建基于海量数据采集、汇聚、分析的服务体系，支撑制造资源泛在连接、弹性供给、高效配置的载体，其中平台技术是核心，承载在平台之上的工业 APP 技术是关键。

安全体系是工业互联网的保障，通过构建涵盖工业全系统的安全防护体系，增强设备、网络、控制、应用和数据的安全保障能力，识别和抵御安全威胁，化解各种安全风险，构建工业智能化发展的安全可信环境，保障工业智能化的实现。

6 工业互联网有哪些主要应用模式？

工业互联网的主要应用模式有四种。

一是智能化生产，通过部署工业互联网综合解决方案，实现对关键设备、生产过程、工厂等的全方位智能管控与决策优化，提升生产效率，降低生产成本。

二是网络化协同，通过工业互联网整合分布于全球的设计、生产、供应链和销售资源等，形成协同设计、众包众创、协同制造等一系列新模式、新业态，能够大幅降低产品研发的制造成本、缩短产品上市周期。

三是规模化定制，基于工业互联网精准获取用户需求的特点，通过灵活组织设计、制造资源与生产流程，实现低成本条件下的大规模定制。

四是服务化延伸，依托工业互联网对产品的运行状态进行实时监测，并为用户提供远程维护、故障预测、性能优化等一系列增值服务，推动企业实现服务化转型。

7 什么是工业互联网网络？

工业互联网网络是工业系统互联和工业数据传输交换的支撑基础，是在现有互联网的基础上，通过技术演进升级和叠加新型专网而形成的，包括企业内网络和企业外网络。其中，企业内网络实现企业内机器、物料、生产线、系统和劳动者等生产要素的广泛互联；企业外网络实现生产企业与智能产品、用户、供应链、协作企业等工业全环节的广泛互联。

8 什么是工业互联网标识解析系统？

作为工业互联网网络体系的重要组成部分，工业互联网标识解析系统相当于互联网领域的域名解析系统，是工业互联网的核心基础设施之一，其核心包括标识编码和解析系统两部分。其中，标识编码是机器和物品的“身份证”，具有唯一性；解析系统利用标识，对机器和物品进行唯一性的定位和信息查询。

在公共互联网中，用户借助域名解析系统，通过输入网址来访问网站。在工业互联网中，用户可以依托标识解析系统来访问保存机器、原材料、零部件和产品等物件相关的服务器，并通过标识实现对异主、异地、异构信息的智能关联，为信息共享及产品全生命周期管理提供重要支撑。

9 什么是工业互联网平台？

工业互联网平台是面向制造业数字化、网络化、智能化需求，构建基于海量数据采集、汇聚、分析的服务体系，支撑制造资源泛在连接、弹性供给、高效配置的载体。工业互联网平台是在云计算平台的基础上应用物联网、大数据、人工智能等新兴技术，实现海量异构数据汇聚与建模分析、工业经验知识软件化与模块化、新型工业软件开发与运行，从而支撑生产智能决策、业务模式创新、资源优化配置、产业生态培育。

工业互联网平台的核心作用体现在三方面：一是能够帮助企业实现智能化生产和管理；二是能够帮助企业实现生产方式和商业模式创新；三是能够促进形成大众创业、万众创新的多层次产业体系。

第 2 章

工业互联网安全

10 什么是工业互联网安全?

安全体系作为工业互联网的三大体系之一，是工业互联网的重要保障。工业互联网安全可以从工业和互联网两个视角分析。从工业视角看，安全的重点是保护智能化生产的连续性、可靠性，关注智能装备、工业控制设备及系统的安全；从互联网视角看，安全主要保障个性化定制、网络化协同及服务化延伸等，以提供持续的服务能力，防止重要数据泄露。因此，从构建工业互联网安全保障体系考虑，工业互联网安全应包括五大重点，即设备安全、网络安全、控制安全、应用安全和数据安全。

11 工业互联网安全有什么特征?

一是防护对象扩大，安全场景更丰富。传统互联网安全更多关注网络设施、信息系统软/硬件及应用数据安全，工业互联网安全扩展延伸至企业内部，包含设备安全（工业智能装备及产品）、控制安全（数据采集与监视控制系统、分布式控制系统等）、网络安全（企业内、外网络）、应用安全（平台应用、软件及工业 APP 等）及数据安全（工业生产、平台承载业务及用户个人信息等数据）。

二是连接范围更广，威胁延伸至物理世界。在传统互联网安全中，攻击对象为用户终端、信息服务系统、网站等。工业互联网连通了工业现场与互联网，使网络攻击可直达生产一线。

三是网络安全和生产安全交织，安全事件危害更严重。传统互联网安全事件大多表现为利用病毒、木马、拒绝服务等攻击手段造成信息泄露或篡改、服务中断等，影响工作生活和社会活动。而工业互联网一旦遭受攻击，不仅影响工业生产运行，甚至会引发安全生产事故，给人民生命财产造成严重损失，若攻击发生在能源、航空航天等重要领域，还将危害国家总体安全。

12 工业互联网安全为何如此重要？

工业互联网是连接工业全系统、全产业链、全价值链，支撑工业智能化发展的关键基础设施，是互联网从消费领域向生产领域、从虚拟经济向实体经济拓展的核心载体。

工业互联网以平台为依托，连接海量设备和系统，是工业数据采集、汇聚与分析的载体，是连接工业企业、设备供应商、服务商、开发商及上下游协作企业的枢纽，安全防线不容有失。一方面，遭受网络攻击不仅会造成单个企业利益受损，还将延伸至工业全系统、全产业链、全价值链，引发大规模物理设备损坏、生产停滞，影响经济社会的稳定运行；另一方面，工业生产、设计、工艺、经营管理等敏感信息保护不当将损害企业核心利益、影响行业发展，重要工业数据泄露还将导致国家利益受损。

国家高度重视工业互联网安全保障体系建设，在国务院印发的《关于深化“互联网+先进制造业”发展工业互联网的指导意见》中，提出了构建网络、平台、安全三大功能体系，明确了工业互联网发展和安全的主攻方向和重大任务，强化了安全在工业互联网发展中的地位。还提出了提升工业互联网安全防护能力、建立数据安全保护体系、推动安全技术手段建设等安全保障要求。工业互联网的安全防护要充分考虑新的工业属性需求，同步推进产业发展和安全防护，将安全体系建设作为工业互联网发展的重要组成部分。

2019 年 7 月，十部门联合印发《加强工业互联网安全工作的指导意见》，从 7 个方面部署了 17 项主要任务：①推动工业互联网安全责任落实；②构建工业互联网安全管理体系；③提升企业工业互联网安全防护水平；④强化工业互联网数据安全保护能力；⑤建设国家工业互联网安全技术手段；⑥加强工业互联网安全公共服务能力；⑦推动工业互联网安全科技创新与产业发展。同时还明确提出，到 2020 年年底，初步建立工业互联网安全保障体系。

13 工业互联网当前的安全环境如何？

工业互联网还处在发展初期，安全管理水平和安全防护水平相对较弱，安全事件频发，主要体现在以下几方面。

（1）攻击频繁影响大、手段专业方法多

工业互联网安全涉及工业控制、互联网、信息安全三个交叉领域，面临传统网络安全和工业控制安全双重挑战。自从震网病毒被发现至今，针对工业控制系统进行破坏活动的网络攻击频发。

近年来，一系列针对工业控制系统的破坏性攻击被曝光，如 2015 年 12 月 23 日，乌克兰电力系统遭遇了大规模停电事件，数万“灾民”不得不在严寒中煎熬；2016 年 1 月，CERT-UA 通报称乌克兰基辅鲍里斯波尔机场遭受 BlackEnergy 攻击；2016 年，BlackEnergy 还在对乌克兰境内的多个工业控制系统发动攻击，并且在 2016 年 12 月，造成乌克兰某电力企业的一次小规模停电事故。

2016 年 11 月 17 日晚，沙特阿拉伯遭遇了 Shamoon2.0 的攻击，包括国家民航总局在内的 6 个重要机构的计算机系统遭到严重破坏。Shamoon 恶意程序首次现身于 2012 年 8 月，当时的攻击致使石油巨头 Saudi Ameraco 公司大约 3 万台计算机中的文件损毁。

事实上，乌克兰和沙特阿拉伯的工业控制系统遭到的攻击离我们并不遥远。因为即便是在全球范围内，能够提供工业控制系统信息化服务的供应商也并不多。其他国家工业控制系统出现的问题和漏洞，在国内的很多工业控制系统中也同样存在。

针对工业控制系统的攻击，攻击者的主要目的是获取商业情报、流程工艺，进行远程控制或者恶意破坏。从攻击者所使用的手法来看，攻击手段已经呈现出多样化的发展趋势。

例如，在针对乌克兰电力系统的攻击中，就出现了多种不同的攻击方式。其中，最主要的恶意代码为 BlackEnergy，这是一种后门程序，攻击者能够利用它来远程访问并操控电力控制系统。此外，在乌克兰境内的多家配电公司设备中还检测出了恶意程序 KillDisk，其主要作用是破坏系统数据，以延缓系统的恢复过程。研究人员还在乌克兰的电力系统服务器中发现了一个被添加后门的 SSH 服务端程序，攻击者可以根据内置密码随时连入受感染的主机。

在针对沙特阿拉伯的 Shamoon2.0 攻击中，攻击者使用了一种简单粗暴的攻击方式：擦除原有数据并写入垃圾数据。例如，前面提到的 2016 年 11 月 17 日晚发生的网络攻击事件，受害者的计算机系统中的大量文件和数据被擦除，取而代之的是一张溺水的叙利亚难民男孩的照片。

值得一提的是，Shamoon2.0 还设置了一个“定时暴力破解”功能。在先前的 Shamoon 攻击中，恶意样本会首先窃取用户数据并上传到 C&C 服务器，然后才会执行文件删除或覆盖操作，从理论上说，有可能通过阻断网络或限制 IP 访问等方法来阻止 Shamoon 的破坏行为。但 Shamoon2.0 的攻击者却在程序中填写了一个完全不可达的 C&C 服务器地址，并在程序中编码，设置定时器时间为 2016 年 11 月 17 日晚 8:45。这就使得 Shamoon2.0 成为了一颗“定时炸弹”。

（2）工业控制系统广暴露，安全漏洞多难补

工业控制系统在互联网上的暴露问题是工业互联网安全的一个基本问题。所谓“暴露”，是指我们可以通过互联网直接对某些与工业控制系统相关的工业组件，如工业控制设备、协议、软件、系统等，进行远程访问或查询。根据 Positive Technologies 2019 年 4 月发布的研究数据显示：2018 年全球工业控制系统联网暴露组件总数量约为 22.4 万个。

造成工业控制系统暴露的主要原因之一是“商业网络”与“工业网络”的不断融合。商业网络与工业网络的连通在拓展了工业控制系统发展空间的同时，也带来了工业控制系统的网络安全问题。近年来，企业为了管理与控制的一体化，实现生产和管理的高效率、高效益，普遍推进生产执行系统，实现管理信息网络与控制网络之间的数据交换，实现工业控制系统和管理信息系统的集成。但是，如果未能做好必要的分隔管控工作，就会导致原本封闭的工业控制系统，通过管理信息系统与互联网互通、互联后，直接面临互联网侧的各类网络攻击风险。

同时，工业互联网系统，特别是底层的控制主机，由于系统老旧，常存在高危安全漏洞。根据国家信息安全漏洞共享平台（CNVD）统计数据显示，2000～2009 年，CNVD 每年收录的工业控制系统漏洞数量一直保持在个位数。但到了 2010 年，该数字攀升到 32 个，次年又跃升到 199 个。这种情况的发生与 2010 年发现的 Stuxnet（震网病毒）有直接关系。Stuxnet 是世界上第一个专门针对工业控制系统编写的破坏性病毒。自此业界对工业控制系统的安全性问题普遍关注。CNVD 历年收录工业控制系统漏洞数量分布如图 2-1 所示。

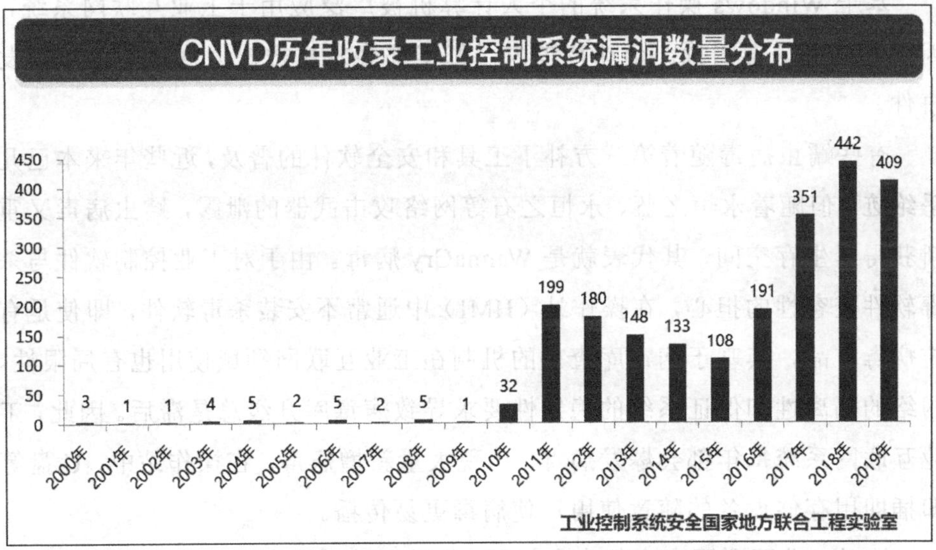

图 2-1　CNVD 历年收录工业控制系统漏洞数量分布

漏洞在增多，且修复难度很大。通常情况下，修复过程必须保证不能中断正常生产，同时还必须保证漏洞修复后不会因兼容性问题影响正常生产。

工业控制系统操作站普遍采用商用 PC 和 Windows 操作系统的技术架构。任何一个版本的 Windows 操作系统自发布以来都在不停地发布漏洞补丁。为保证工业控制系统的可靠性，现场工程师通常在系统开发后不会对 Windows 平台打任何补丁，打过补丁的操作系统也很少会再经过工业控制系统原厂或自动化集成商测试，存在可靠性风险。但是，系统不打补丁就会存在被攻击者利用的安全漏洞，即使是普通常见病毒也容易感染，从而可能造成 Windows 平台乃至控制网络的瘫痪。

黑客入侵和工业控制应用软件的自身漏洞通常发生在远程工业控制系统的应用上，另外，对于分布式的大型工业互联网，人们为了控制、监视方便，常常会开放 VPN tunnel 等方式接入，甚至直接开放部分网络端口，这种情况下也给黑客的入侵带来了方便。

（3）病毒木马不敢杀，应对策略受局限

基于 Windows 操作系统的个人计算机被广泛应用于工业互联网系统，因此易遭受病毒困扰。全球范围内，每年都会发生数次大规模的病毒爆发事件。

有些蠕虫病毒随着第三方补丁工具和安全软件的普及，近些年来本已几乎绝迹。但随着永恒之蓝、永恒之石等网络攻击武器的泄露，蠕虫病毒又重新获得了生存空间，其代表就是 WannaCry 病毒。由于对工业控制软件与杀毒软件兼容性的担心，在操作站（HMI）中通常不安装杀毒软件，即使是有防病毒产品，其基于病毒库查杀的机制在工业互联网领域使用也有局限性。网络的隔离性和保证系统的稳定性要求导致病毒库升级总是滞后。因此，工业互联网系统每年都会爆发病毒，出现大量新增病毒。在操作站中，U 盘等即插即用存储设备的随意使用，使病毒更易传播。

针对工业互联网存在的安全问题，业界也早已提出了一些安全防护架构和管理策略，其中典型的代表是 NIST SP 800-82、IEC62443 等国际工业互联网领域指导性文献的纵深防御架构。我国电网和少部分工业企业在安全防护上已经基本按照该原则进行部署并创新，如电网提出的“十六字方针”：安全分区、网络专用、横向隔离、纵向认证。

但是，上述原则在实践中却充满了挑战与局限。例如，在工业互联网中，由于网络边界模糊，有时需要动态地在不同区域使用同一设备，会用到软件定义网络的高级功能，静态分区存在难度；虚拟区域边界部署防御，如防火墙、网闸、安全远程访问 VPN 等，这些设备只能做到对部分已知规则的防御，要进行及时动态更新难度较大。

在常见防御手段中，还包括在终端加入审计和应用程序白名单；在运营过程中的防御是进行漏洞扫描，并打补丁。但是，在工业互联网中，为保证可用性、稳定性，很难做到在线扫描或实时扫描。而且即使扫描到了漏洞，企业也可能会因为担心系统的可用性和稳定性被破坏，而最终选择放弃补丁升级，或者干脆不升级。此外，在工业控制系统中，也确实有大量的漏洞难以找到合适的升级补丁。

前述各种策略对于来自互联网的威胁还缺乏与时俱进的技术思想。

其一，这些策略一般都属于预置策略，然后防御，是一种被动的方式，类似“守株待兔”，而现今安全防御技术的主流思想是主动防御。

其二，商业网络与工业网络被打通后，工业控制系统也将面临海量商业网络攻击样本的冲击，而前述各种策略则没有考虑到海量样本带来的安全大数据收集问题。

其三，即便有了海量样本和安全大数据，这些策略中也没有系统考虑样本分析的问题。对于工业企业来说，一般没有经费和人力去构建强大的分析能力系统。

其四，这些策略中也没有考虑在多个工业企业之间建立安全信息分享机制，无法形成协同防御的能力。

最后，这些策略没有系统地考虑未知威胁检测的问题。

因此，工业互联网实际上需要建立一种能够跨越物理世界（包括直接可观测性）、网络世界（包括保留数据的使用权）和商业世界（包括产权和订立合同的权利）的一体化安全手段，并且可以对攻击进行追踪和溯源。

14 企业在OT安全管理方面普遍存在的问题是什么？

许多工业互联网系统在安全保护建设方面存在根本性的安全缺陷，这些缺陷可以视为工业互联网系统的内部安全风险，包括以下方面。

（1）工业设备资产可视性严重不足

工业设备可视性不足严重阻碍了安全策略的实施。工业企业的IT团队一般不负责OT的资产，而是由OT团队负责OT资产。但因为生产线系统是历经多年由多个自动化集成商持续建设的，因此OT团队对OT资产的可视性十分有限，甚至没有完整的OT资产清单，关于OT资产的漏洞基本无人负责和收集，也不能及时发现安全问题。在出现问题时，也仅能靠人员经验排查，且排查过程耗费大量人力成本、时间成本。

（2）工业设备缺乏安全设计

各类机床数控系统、PLC、运动控制器等所使用的控制协议、控制平台、控制软件等，在设计之初可能未考虑保密性、完整性、身份校验等安全需求，存在输入验证不严格，许可、授权与访问控制不严格，没有身份验证，配置维护不足，凭证管理不严，加密算法过时等安全隐患。

例如，国产数控系统所采用的操作系统可能是基于某一版本的Linux系统进行裁剪的，所使用的内核、文件系统、对外服务等，一旦稳定后均不再修改，可能持续使用多年，有的甚至超过十年，而这些内核、文件系统、对外服务多年来暴露出的漏洞并未得到更新，安全隐患长期存在。

（3）OT安全制度不完善，管理不到位

在很多大中型工业企业中，IT 安全制度和管理措施一般比较到位，但OT 安全制度和管理措施却较为欠缺。目前，还未形成完整的制度保障 OT安全，缺乏工业控制系统规划、建设、运维、废止全生命周期的安全需求和管理，欠缺配套的管理体系、处理流程、人员责任等规定。

例如，在工业控制系统运维和使用过程中，存在随意使用U盘、光盘、移动硬盘等移动存储介质的现象，病毒、木马等易传播并威胁生产系统；一些工业控制系统在上线前未进行安全性测试，系统上线后存在大量安全风险漏洞，安全配置薄弱，甚至系统带毒工作。

（4）IT 和 OT 安全责任模糊

很多工业企业的信息中心管理 OT 网络和服务器的连接与安全，但往往对于 OT 网络中的生产设备与控制系统的连接没有管辖权限。而这些设备、控制系统也是互联的，有些就是基于 IT 实现的，如操作员站、工程师站等。因此，常见的 IT 威胁对 OT 系统也有影响。OT 的运维团队一般会对生产有效性负责，但往往并不会对网络安全性负责。对于很多工业企业来说，生产有效性通常都比网络安全性更重要。

（5）IT 安全措施在 OT 领域几乎无效

较多工业企业在 OT 设置中使用 IT 安全措施，但没有考虑其对 OT 的影响。例如，国内某汽车企业，IT 安全团队按照 IT 安全要求主动扫描 OT 网络，结果导致汽车生产线 PLC 出现故障，引起停产。

从实践来看，较多工业企业基本不做 OT 安全评估，即使做 OT 安全评估，也是由 IT 安全服务商执行。而 IT 安全评估通常不包括 OT 网络的过程层和控制层，即使对这两层进行评估，也只能采用问卷方式，而不能使用自动化工具。执行这些评估的人员通常是 IT 安全专家，对 OT 领域也不甚了解。

（6）工业主机几乎“裸奔”

工业企业的 OT 网络中存在着大量工业主机，如操作员站、工程师站、历史数据服务器、备份服务器等。这些 PC 或服务器中运行实时数据库、监视系统、操作编程系统等，向上对 IT 网络提供数据，向下对 OT 中的控制设备及执行器进行监视和控制，它们是连接信息世界和物理世界的“关键之门”。

但在实际生产环境中，这些工业主机基本没有任何安全防护措施，即使有一部分有防护措施，也常因没有及时更新而失效，工业主机几乎处在“裸奔”状态。近年来不断发生的各类工业安全事件中，首先遭到攻击或受影响的往往都是工业主机。

例如，基于 Windows 平台的操作员站被广泛使用，但大部分企业无移动存储介质管理、操作站软件运行“白名单”管理、联网控制、网络准入控制技术措施等，极易感染木马、蠕虫等计算机病毒。而目前普通 IT 防火墙无法实现工业通信协议的过滤，所以当网络中某个操作员站感染病毒时，可能会立即传播给其他计算机，容易造成所有操作员站同时发生故障或者引发控制网络风暴，造成网络通信堵塞，严重时可导致所有操作员站失控，甚至停止。

（7）设备联网混乱，缺乏安全保障

工业控制系统中越来越多的设备与网络相连，如各类数控系统、PLC、应用服务器通过有线网络或无线网络连接，形成工业网络；工业网络与办公网络连接，形成企业内部网络；企业内部网络与外部云平台、第三方供应链、客户网络连接，形成工业互联网。

但很多工业企业的 IT 和 OT 网络并没有进行有效的隔离，部分工业企业虽然进行了分隔，并设置了访问策略，但有的员工为方便，私自设置各类双网卡机器，使得 IT、OT 网络中存在许多不安全、不被掌握的通信通道。

OT 系统往往由不同集成商在不同时间建设，使用不同的安全标准。因此，当需要集成商进行维修、维护时，工作人员经常会开放远程维护端口，而且这些端口往往不采用任何安全防护措施，甚至存在将常见端口打开后忘记关闭的情况，从而增加了工业互联网的攻击面。

工业控制系统各子系统之间没有进行有效的隔离，系统边界不清楚，边界访问控制策略缺失，尤其是采用 OPC 和 Modbus 等通信的工业控制网络，一旦发生安全问题，故障将迅速蔓延。

（8）OT 缺乏安全响应预案和恢复机制

IT 工作计划和 OT 工作计划往往是两张皮，IT 安全事件响应计划与 OT 之间的协调往往十分有限。很多 OT 网络在制定生产事故应对计划时，都没有考虑过网络安全事件的处理。同时，由于缺乏备份和恢复机制，OT 中的网络安全事件恢复速度往往很慢。

（9）IT和OT人员安全培训普遍缺失

随着智能制造的网络化和数字化发展，OT与IT在工业互联网中高度融合。企业内部人员，如工程师、管理人员、现场操作员、企业高层管理人员等，其“有意识”或“无意识”的行为，可能会破坏工业系统、传播恶意软件或忽略异常情况。由于网络的广泛使用，这些影响将被放大。很多企业虽然有IT组织负责IT网络安全，但其往往会忽视IT和OT之间的差异。IT和OT人员的安全培训普遍缺失。

（10）工业数据面临丢失、泄露、篡改等安全威胁

工业互联网中的生产管理数据、生产操作数据，以及客户信息和订单数据等各类数据（无论数据是通过大数据平台存储的，还是分布在用户、生产终端和设计服务器等多种设备中），都可能面临丢失、泄露和篡改等安全威胁。

（11）第三方人员管理体制不完善

大部分的企业会将设备的建设运维工作外包给设备商或集成商，尤其针对国外厂商，企业多数情况并不了解工业控制设备的技术细节，对于所有的运维操作无控制、无审计，留有安全隐患。

例如，高级过程控制（Advanced Process Control，APC）系统通常可以由软件供应商自由操作，其自身无任何防护措施，存在较高感染病毒的风险。而且APC系统的安装、调试、运行一般需要较长的时间，需要项目工程师进行不断调试、修改。期间APC系统需要频繁与外界进行数据交换，这给APC系统本身带来很大风险。一旦APC系统受到病毒感染，将对实时运行的控制系统造成极大安全隐患。

15 工业互联网安全框架是什么？

2018年11月，工业互联网产业联盟发布了《工业互联网安全框架》，明确了安全框架的内容和范围。工业互联网安全框架从防护对象、防护措施及防护管理三个视角构建，针对不同的防护对象部署相应的安全防护措施，

根据实时监测结果发现网络中存在的或即将发生的安全问题,并及时做出响应。同时加强防护管理,基于安全目标的可持续改进的管理方针,保障工业互联网的安全。工业互联网安全框架如图 2-2 所示。

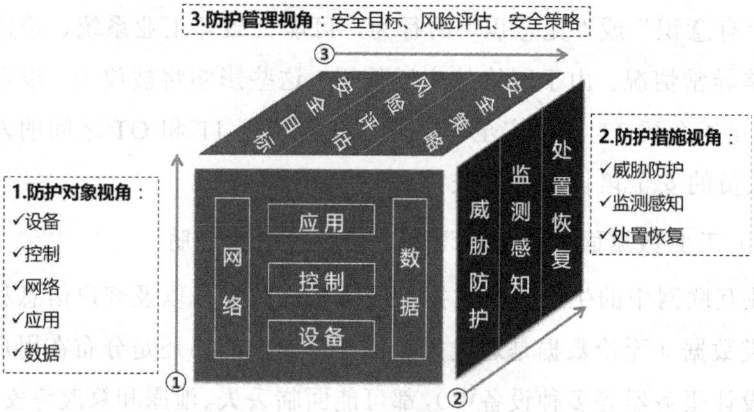

图 2-2　工业互联网安全框架

其中，防护对象视角涵盖设备、控制、网络、应用和数据五大安全重点；防护措施视角包括威胁防护、监测感知和处置恢复三大环节，其中，威胁防护环节对五大防护对象部署主被动安全防护措施，监测感知和处置恢复环节通过信息共享、监测预警、应急响应等一系列安全措施、机制的部署增强动态安全防护能力；防护管理视角根据工业互联网安全目标对其面临的安全风险进行安全评估，并选择适当的安全策略实现有效的安全管理。

工业互联网安全框架的三个防护视角之间相对独立,但彼此之间又相互关联。从防护对象视角来看，安全框架中的每个防护对象，都需要采用一系列合理的防护措施，并依据完备的防护管理流程对其进行安全防护；从防护措施视角来看，每类防护措施都有其适用的防护对象，并在具体防护管理流程的指导下发挥作用；从防护管理视角来看，防护管理流程的实现离不开防护对象的界定，并需要各类防护措施的有机结合，使其能够顺利运转。工业互联网安全框架的三个防护视角相辅相成、互为补充，形成一个完整、动态、持续的防护体系。

16 工业互联网安全防护范围和保护内容是什么？

《工业互联网安全框架》中提出工业互联网按防护对象可分为设备、控制、网络、应用、数据。工业互联网安全防护内容如图 2-3 所示。

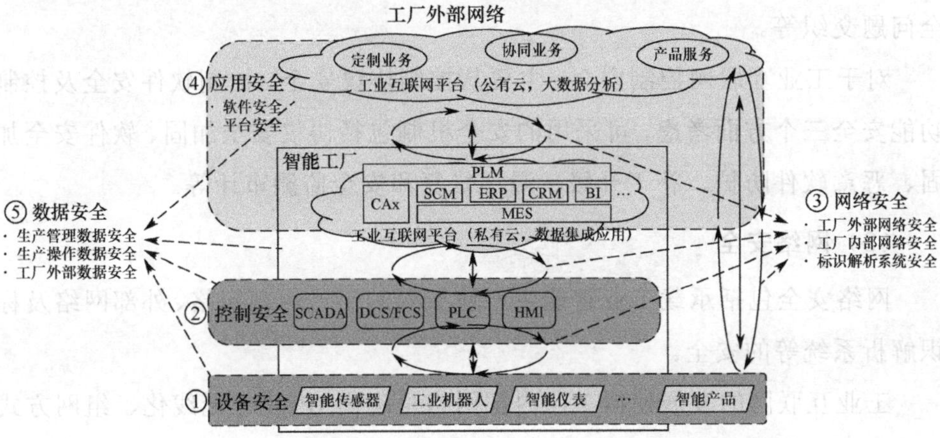

图 2-3　工业互联网安全防护内容

（1）设备安全

设备安全包括工厂内单点智能器件、成套智能终端等智能设备的安全，以及智能产品的安全，具体涉及操作系统/应用软件安全与硬件安全两方面。

工业互联网的发展使得现场设备由机械化向高度智能化转变，并产生了嵌入式操作系统微处理器应用软件的新模式，这就使得未来海量智能设备可能会直接暴露在网络中，面临攻击范围扩大、扩散速度增加和漏洞影响扩大等威胁。

工业互联网设备安全具体应分别从操作系统/应用软件安全与硬件安全两方面出发部署安全防护措施，可采用的安全机制包括固件安全增强、恶意软件防护、设备身份鉴别、访问控制和漏洞修复等。

（2）控制安全

控制安全包括控制协议安全、控制软件安全及控制功能安全。

工业互联网使得生产控制由分层、封闭、局部逐步向扁平、开放、全局方向发展。其中在控制环境方面表现为 IT 与 OT 融合，控制网络由封闭走向开放；在控制布局方面表现为控制范围从局部扩展至全局，并伴随着控制监测上移与实时控制下移。上述变化改变了传统生产控制过程封闭、可信的特点，造成安全事件危害范围扩大、危害程度加深，以及网络安全与功能安全问题交织等。

对于工业互联网控制安全，主要从控制协议安全、控制软件安全及控制功能安全三个方面考虑，可采用的安全机制包括协议安全加固、软件安全加固、恶意软件防护、补丁升级、漏洞修复和安全监测审计等。

（3）网络安全

网络安全包括承载工业智能生产和应用的工厂内部网络、外部网络及标识解析系统等的安全。

工业互联网的发展使得工厂内部网络呈现出 IP 化、无线化、组网方式灵活化与全局化的特点，工厂外部网络呈现出信息网络与控制网络逐渐融合、企业专网与互联网逐渐融合、产品服务日益互联网化的特点。这就使得传统互联网中的网络安全问题开始向工业互联网蔓延，具体表现为以下几方面：工业互联协议由专有协议向以太网（Ethernet）或基于 IP 的协议转变，导致攻击门槛极大降低；现有的一些工业以太网交换机（通常是非管理型交换机）缺乏抵御日益严重的 DDoS 攻击的能力；工厂网络互联、生产、运营逐渐由静态转变为动态，安全策略面临严峻挑战等。此外，随着工厂业务的拓展和新技术的不断应用，今后还会面临由于 5G/SDN 等新技术引入、工厂内外网互联互通进一步深化等带来的安全风险。

网络安全防护应面向工厂内部网络、外部网络及标识解析系统等方面，具体包括网络结构优化、边界安全防护、接入认证、通信内容防护、通信设备防护、安全监测审计等多种防护措施，构筑全面高效的网络安全防护体系。

（4）应用安全

工业互联网应用主要包括工业互联网平台与软件两大类，其范围覆盖智能化生产、网络化协同、个性化定制、服务化延伸等方面。目前工业互联网平台面临的安全风险主要包括数据泄露、篡改、丢失、权限控制异常、系统漏洞利用、账户劫持和设备接入安全等。对软件而言，最大的风险来自安全漏洞，包括开发过程中编码不符合安全规范而导致的软件本身的漏洞，以及由于使用不安全的第三方库而出现的漏洞等。

相应地，应用安全也应从工业互联网平台安全与软件安全两方面考虑。对于工业互联网平台，可采取的安全措施包括安全审计、认证授权和DDoS攻击防护等。对于软件，建议采用全生命周期的安全防护，在软件的开发过程中进行代码审计，并对开发人员进行培训，以减少漏洞的引入；对运行中的软件定期进行漏洞排查，对其内部流程进行审核和测试，并对公开漏洞和后门加以修补；对软件的行为进行实时监测，以发现可疑行为并进行阻止，从而降低未公开漏洞带来的危害。

（5）数据安全

数据安全包括生产管理数据安全、生产操作数据安全、工厂外部数据安全，涉及采集、传输、存储、处理等各个环节的数据及用户信息的安全。工业互联网相关的数据按照其属性或特征，可以分为四大类：设备数据、业务系统数据、知识库数据和用户个人数据。根据数据敏感程度的不同，可将工业互联网数据分为一般数据、重要数据和敏感数据三种。随着工厂数据由少量、单一和单向向大量、多维和双向转变，工业互联网数据体量不断增大、种类不断增多、结构日趋复杂，并出现数据在工厂内部与外部网络之间的双向流动共享。由此带来的安全风险主要包括数据泄露、非授权分析和用户个人信息泄露等。

对于工业互联网的数据安全防护，应采取明示用途、数据加密、访问控制、业务隔离、接入认证、数据脱敏等多种防护措施，覆盖包括数据采集、传输、存储和处理等在内的全生命周期的各个环节。

第3章

工业互联网安全相关法律法规

17 国家层面发布的重要法律法规、文件有哪些?

近些年我国在信息安全和产业安全体系建设等方面加快步伐，国家层面发布的有关工业互联网安全的重要法律法规、文件日趋完善。

(1)《国家网络空间安全战略》

2016年12月27日，国家互联网信息办公室发布《国家网络空间安全战略》，明确提出的9个战略任务中包含保护关键信息基础设施。参考原文如下。

(三)保护关键信息基础设施

国家关键信息基础设施是指关系国家安全、国计民生，一旦数据泄露、遭到破坏或者丧失功能可能严重危害国家安全、公共利益的信息设施，包括但不限于提供公共通信、广播电视传输等服务的基础信息网络，能源、金融、交通、教育、科研、水利、工业制造、医疗卫生、社会保障、公用事业等领域和国家机关的重要信息系统，重要互联网应用系统等。采取一切必要措施保护关键信息基础设施及其重要数据不受攻击破坏。坚持技术和管理并重、保护和震慑并举，着眼识别、防护、检测、预警、响应、处置等环节，建立实施关键信息基础设施保护制度，从管理、技术、人才、资金等方面加大投入，依法综合施策，切实加强关键信息基础设施安全防护。

（2）《中国制造2025》

2015年5月19日，国务院正式印发《中国制造2025》，在推进信息化与工业化深度融合中提出要“加强智能制造工业控制系统网络安全保障能力建设，健全综合保障体系”。参考原文如下。

（二）推进信息化与工业化深度融合。

加快推动新一代信息技术与制造技术融合发展，把智能制造作为两化深度融合的主攻方向；着力发展智能装备和智能产品，推进生产过程智能化，培育新型生产方式，全面提升企业研发、生产、管理和服务的智能化水平。

研究制定智能制造发展战略。编制智能制造发展规划，明确发展目标、重点任务和重大布局。加快制定智能制造技术标准，建立完善智能制造和两化融合管理标准体系。强化应用牵引，建立智能制造产业联盟，协同推动智能装备和产品研发、系统集成创新与产业化。促进工业互联网、云计算、大数据在企业研发设计、生产制造、经营管理、销售服务等全流程和全产业链的综合集成应用。加强智能制造工业控制系统网络安全保障能力建设，健全综合保障体系。

（3）《中华人民共和国网络安全法》

2017年6月起正式实施的《中华人民共和国网络安全法》（以下简称“《网络安全法》”）要求对包括工业控制系统在内的“可能严重危害国家安全、国计民生、公共利益的关键信息基础设施”实行重点保护。参考原文如下。

第三十一条

国家对公共通信和信息服务、能源、交通、水利、金融、公共服务、电子政务等重要行业和领域，以及其他一旦遭到破坏、丧失功能或者数据泄露，可能严重危害国家安全、国计民生、公共利益的关键信息基础设施，在网络安全等级保护制度的基础上，实行重点保护。关键信息基础设施的具体范围和安全保护办法由国务院制定。

（4）《关于深化“互联网+先进制造业”发展工业互联网的指导意见》

2017 年 11 月，国务院发布了《关于深化“互联网+先进制造业”发展工业互联网的指导意见》，这标志着我国工业互联网顶层设计正式出台，对于我国工业互联网发展具有重要意义。该意见提出以“强化安全保障”为指导思想、“安全可靠”为基本原则，明确“建立工业互联网安全保障体系、提升安全保障能力”的发展目标，部署“强化安全保障”的主要任务，为工业互联网安全保障工作制定了时间表和路线图。

18 重点部门发布的重要法律法规、文件有哪些？

（1）《工业控制系统信息安全防护指南》

2016 年 10 月，工业和信息化部发布《工业控制系统信息安全防护指南》，明确了安全软件选择与管理、配置和补丁管理、边界安全防护、物理和环境安全防护、身份认证、远程访问安全、安全监测和应急预案演练、资产安全、数据安全、供应链管理、落实责任 11 项要求，充分体现了国家网络安全法律法规中网络安全支持与促进、网络运行安全、网络信息安全、监测预警与应急处置等内容在工业控制安全领域的要求。

（2）《工业控制系统信息安全事件应急管理工作指南》

2017 年 5 月，工业和信息化部发布《工业控制系统信息安全事件应急管理工作指南》，明确了工业控制安全事件应急工作的组织机构和职责，确定了工业控制安全事件的监测通报、处置流程和具体措施，提出了应急队伍、专家组、物资和经费保障等应急力量和应急资源方面的要求，为应急处置工作提供行动指南。《工业控制系统信息安全事件应急管理工作指南》的研究制定和宣贯落实，与发布的《工业控制系统信息安全防护指南》和《工业控制系统信息安全防护能力评估工作管理办法》共同构建了工业控制安全管理体系。文件中提出的安全要求和管理方法覆盖了工业控制系统规划、设计、建设、运行、维护等全生命周期，为加强工业控制安全管理奠定了坚实基础。

（3）《工业控制系统信息安全防护能力评估工作管理办法》

2017 年 7 月，工业和信息化部发布《工业控制系统信息安全防护能力评估工作管理办法》，明确了评估工作管理涉及管理机构、评估机构、评估人员、评估工具等各要素。从全局出发，面向各类主体，围绕工作需求提出基线标准，加强体系化管理。细化各类基线标准，明确量化指标，提出从受理评估申请、组建评估技术队伍到形成评估报告的一系列评估工作程序，提供具体且可操作的工业控制安全防护能力评估方法。工业控制安全防护能力评估是落实《工业控制系统信息安全防护指南》要求的一项具体工作，是对工业企业工业控制系统规划、设计、建设、运行、维护等全生命周期各阶段开展的安全防护能力综合评价。

（4）《工业控制系统信息安全行动计划（2018—2020 年）》

2017 年 12 月，工业和信息化部发布《工业控制系统信息安全行动计划（2018—2020 年）》，深入贯彻落实国家安全战略，突出了落实企业主体责任，从提升工业企业工业控制安全防护能力，促进工业信息安全产业发展，加快工业控制安全保障体系建设出发，进一步明确了部门、地方和企业做什么和怎么做，部署了五大能力提升行动，为下一步开展工业控制安全工作提供了依据和指导。

（5）《工业互联网发展行动计划（2018—2020 年）》

2018 年 5 月，工业和信息化部发布《工业互联网发展行动计划（2018—2020 年）》，明确了在 2020 年年底初步建立工业互联网安全保障体系，建立健全安全管理制度机制，全面落实企业内网络安全主体责任，制定设备、平台、数据等至少 10 项相关安全标准，同步推进标识解析系统安全建设，显著提升安全态势感知和综合保障能力的行动目标。

（6）《工业互联网 APP 培育工程实施方案（2018—2020 年）》

2018 年 4 月，为落实《关于深化“互联网+先进制造业”发展工业互联网的指导意见》，推动工业互联网应用生态加速发展，工业和信息化部发布

《工业互联网 APP 培育工程实施方案（2018—2020 年）》。

该方案以习近平新时代中国特色社会主义思想为指导，深入贯彻落实党的十九大和十九届二中、三中全会精神，牢固树立新发展理念，围绕制造业提质增效和转型升级实际需求，以企业为主体，以发展和繁荣工业互联网平台应用生态为目标，推动软件技术与工业技术深度融合，工业 APP 培育与工业互联网平台建设协同推进，着力突破共性关键技术，夯实工业 APP 发展基础，着力提高工业 APP 发展质量，提升价值和应用效果，着力构建开放共享和流通交易机制，推动工业 APP 向工业互联网平台汇聚，形成建平台和用平台双向迭代、互促共进的制造业新生态。

工业互联网 APP 是基于工业互联网，承载工业知识和经验，满足特定需求的工业应用软件，是工业技术软件化的重要成果。实施工业 APP 培育工程离不开工业 APP 安全的部署和落实。

（7）《关于进一步加强核电运行安全管理的指导意见》

2018 年 5 月，国家发展改革委、国家能源局、生态环境部、国防科工局联合发布《关于进一步加强核电运行安全管理的指导意见》。

该指导意见第八条明确规定要加强核电厂网络安全管理。将网络安全纳入核电安全管理体系，加强能力建设，保障核电厂网络安全。其主要包括：开展网络安全能力建设；做好网络等级保护测评；开展网络安全培训及评估工作。

（8）《工业互联网平台建设及推广指南》和《工业互联网平台评价方法》

2018 年 7 月，为落实《关于深化“互联网+先进制造业”发展工业互联网的指导意见》，加快发展工业互联网平台，工业和信息化部印发《工业互联网平台建设及推广指南》（以下简称“《指南》”）。同时，为规范和促进我国工业互联网平台发展，支撑开展工业互联网平台评价与遴选，工业和信息化部印发《工业互联网平台评价方法》（以下简称“《评价方法》”）。

《指南》中第十八条明确规定要完善平台安全保障体系。制定完善工业信息安全管理等政策法规，明确安全防护要求。建设国家工业信息安全综合保障平台，实时分析平台安全态势。强化企业平台安全主体责任，引导平台强化安全防护意识，提升漏洞发现、安全防护和应急处置能力。

《评价方法》的平台应用服务能力部分明确指出要部署安全防护功能模块或组件，建立安全防护机制，确保平台数据、应用安全。平台安全可靠能力部分强调了工业控制系统安全可靠、关键零部件安全可靠、软件应用安全可靠相关内容。

(9)《国家智能制造标准体系建设指南（2018年版）》

2018年8月，为加快推进智能制造发展，指导智能制造标准化工作的开展，工业和信息化部、国家标准化管理委员会共同组织制定了《国家智能制造标准体系建设指南（2018年版）》。

该建设指南按照《国家智能制造标准体系建设指南（2015年版）》中提出的“统筹规划，分类施策，跨界融合，急用先行，立足国情，开放合作”原则，进一步完善智能制造标准体系，全面开展基础共性标准、关键技术标准、行业应用标准研究，加快标准制（修）订，在制造业各个领域全面推广。

该建设指南中建设内容明确了安全标准，主要包括功能安全、信息安全和人因安全三个部分。其中信息安全标准用于保证智能制造领域相关信息系统及其数据不被破坏、更改、泄露，从而确保系统能连续可靠运行，包括软件安全、设备信息安全、网络信息安全、数据安全、信息安全防护及评估等标准。

（10）《关于加强电力行业网络安全工作的指导意见》

2018年9月，国家能源局发布了《关于加强电力行业网络安全工作的指导意见》。该指导意见从电力行业全局的角度指导、推进网络安全工作，围绕进一步落实电力企业网络安全主体责任，完善网络安全监督管理体制机制，加强全方位网络安全管理，强化关键信息基础设施安全保护，加强行业网络安全基础设施建设，加强电力企业数据安全保护，提高网络安全态势感知、预警及应急处置能力，支持网络安全自主创新与安全可控，积极推动电力行业网络安全产业健康发展，推进网络安全军民融合深度发展，加强网络安全人才队伍建设，拓展网络安全国际合作12个方面提出30条具体要求。

（11）《工业互联网综合标准化体系建设指南》

2019年1月，为发挥标准在工业互联网产业生态体系构建中的顶层设计和引领规范作用，推动相关产业转型升级，加快制造强国和网络强国建设步伐，工业和信息化部、国家标准化管理委员会共同组织制定《工业互联网综合标准化体系建设指南》。

该建设指南从工业互联网产业发展实际出发，运用综合标准化的理念和方式，着力构建重点突出、协调配套、科学开放、融合创新的工业互联网标准体系，加快重点领域标准的制定和实施，促进工业互联网产业持续、快速、健康发展。

（12）《信息安全技术 网络安全等级保护基本要求》

2019年5月，国家标准化管理委员会、国家市场监督管理总局联合发布《信息安全技术 网络安全等级保护基本要求》（常简称为“等保2.0”），其扩展了网络安全保护的范围，提高了对关键信息基础设施进行等级保护的要求，并且针对不同保护对象的安全目标、技术特点、应用场景的差异，采用了安全通用要求与安全扩展要求结合的方式，以更好地满足安全保护共性化与个性化要求，提升了等级保护的普适性与可操作性。

同时，对工业控制系统提出了安全扩展要求，以适用工业控制的特有技术和应用场景特点。安全拓展要求主要针对物理环境安全、网络和通信安全、设备和计算安全、安全建设管理和安全运维管理给出了具体的标准。

（13）《水利网络安全管理办法（试行）》

2019年8月，为确保水利信息化规划建设同步落实网络安全等级保护制度，明确运行阶段网络安全责任，强化监督检查和责任追究，有效保障水利网络安全，水利部组织制定了《水利网络安全管理办法（试行）》。

该办法包括总则、网络安全规划建设、网络运行安全、监测预警与应急处置、监督考核与责任追究、附则共6章。办法指出，水利网络安全遵循“积极利用、科学发展、依法管理、确保安全”的方针，建立及时发现漏洞、及时有效处置漏洞和严格责任追究三套机制。

（14）《加强工业互联网安全工作的指导意见》

2019 年 7 月，工业和信息化部、教育部、人力资源和社会保障部、生态环境部、国家卫生健康委员会、应急管理部、国务院国有资产监督管理委员会、国家市场监督管理总局、国家能源局、国家国防科技工业局联合发布了《加强工业互联网安全工作的指导意见》，提出了工业互联网安全工作的指导思想、基本原则、总体目标、主要任务和保障措施，明确了企业的主体责任和政府的监督管理责任，为工业互联网的安全工作提出了具体的要求。

意见指出，到 2020 年年底，工业互联网安全保障体系初步建立。制度机制方面，建立监督检查、信息共享和通报、应急处置等工业互联网安全管理制度，构建企业安全主体责任制，制定设备、平台、数据等至少 20 项急需的工业互联网安全标准，探索构建工业互联网安全评估体系；技术手段方面，初步建成国家工业互联网安全技术保障平台、基础资源库和安全测试验证环境；产业发展方面，在汽车、电子信息、航空航天、能源等重点领域，形成至少 20 个创新实用的安全产品、解决方案的试点示范，培育若干具有核心竞争力的工业互联网安全企业。

19 工业互联网安全标准体系建设的重要文件有哪些？

建立健全工业互联网安全标准体系对工业互联网安全建设具有重要的指导意义。通过工业互联网安全标准体系的建设，可有效提高对工业互联网安全风险的管控能力，通过与等级保护等工作的结合，使工业互联网安全管理更加科学有效。同时，安全标准体系的建立将使企业安全实施水平与国际先进水平接轨，从而加快工业互联网安全的落实。

为了充分发挥生产、管理、科研、应用等各方面在各行业、产业、企业、组织、机构的标准化工作中的作用，广泛开展工业互联网安全领域的标准化工作，成立中国通信标准化协会（CCSA）和全国信息安全标准化技术委员会（以下简称“信安标委”，TC260）。

信安标委是在信息安全专业领域内，从事全国标准化工作的技术工作组织，负责全国信息安全标准化的技术归口工作。另有全国电力系统管理及其信息交换标准化技术委员会（TC82）、全国电力监管标准化技术委员会（TC296）、全国工业过程测量和控制标准化技术委员会（TC124）共同推动工业互联网安全标准工作。

2018 年 2 月，**行业标准《工业互联网平台安全防护要求》正式发布**。该标准针对工业互联网平台对于安全防护方面的需求，规定了工业互联网平台安全防护的总体要求，主要包括边缘层安全、平台 IaaS 层安全、平台 PaaS 层安全、平台 SaaS 层安全等。

2018 年 3 月，为规范电力信息系统安全的检查流程、内容和方法，防范网络与信息安全攻击对电力信息系统造成的侵害，保障电力信息系统的安全稳定运行，保护国家关键信息基础设施的安全，依据国家有关信息安全和电力行业信息系统安全的规定和要求，**国家标准 GB/T 36047—2018《电力信息系统安全检查规范》正式发布，该标准于 2018 年 10 月 1 日起实施。**该标准适用于行业网络与信息安全主管部门开展电力信息系统安全的检查工作和电力企业在本集团（系统）范围内开展相关信息系统安全的自查工作。

2018 年 6 月，**国家标准 GB/T 36323—2018《信息安全技术 工业控制系统安全管理基本要求》正式发布，该标准于 2019 年 1 月 1 日起实施。**该标准规定了工业控制系统安全管理基本框架及该框架包含的各关键活动，并提出为实现该安全管理基本框架所需的工业控制系统安全管理基本控制措施。在此基础上，给出了各级工业控制系统安全管理基本控制措施对应表，用于对各级工业控制系统安全管理提出安全管理基本控制要求。

2018 年 6 月，**国家标准 GB/T 36324—2018《信息安全技术 工业控制系统信息安全分级规范》正式发布，该标准于 2019 年 10 月 1 日起实施。**该标准规定了基于风险评估的工业控制系统信息安全等级划分规则和定级方法，提出了等级划分模型和定级要素，包括工业控制系统资产重要程度、存在的潜在风险影响程度和需抵御的信息安全威胁程度，并提出了工业控制系统信息安全4个等级的特征。

2018年6月，**国家标准GB/T 36466—2018《信息安全技术 工业控制系统风险评估实施指南》正式发布，该标准于2019年1月1日起实施。**该标准在对工业控制系统的资产进行整理分析的基础上，从其资产的安全特性出发，分析工业控制系统的威胁来源与自身脆弱性，归纳出工业控制系统面临的信息安全风险，并给出实施工业控制系统风险评估的指导性建议。标准主要为第三方安全检测评估机构在工业控制系统现场实施风险评估提供指南，也可供工业控制系统业主单位进行自评估时参考。

2018年6月，**国家标准GB/T 36470—2018《信息安全技术 工业控制系统现场测控设备通用安全功能要求》正式发布，该标准于2019年1月1日起实施。**该标准规定了工业控制系统现场测控设备的用户标识与鉴别、使用控制、数据完整性、数据保密性、数据流限制、资源可用性6类通用的安全功能要求。为提高现场设备的信息安全能力，标准提出针对现场测控设备的通用安全功能要求，用于设备的安全设计、开发、测试与评估。使用者应根据实际或计划使用环境的安全风险分析结果，选择设备应满足的安全功能要求。

2018年11月，**国家标准《信息安全技术 关键信息基础设施安全检查评估指南（报批稿）》试点工作正式启动。**本次试点工作旨在验证该检查评估指南内容的合理性和可操作性，为关键信息基础设施安全检查评估工作摸索经验。该检查评估指南结合了国际先进理念和国内高水平专业队伍多年的检查评估经验，试点又集中了一线运营单位，国家级测评队伍，熟悉检查沿革、行业需求和地方实际的专家等多方面力量，参与试点的单位、专家和队伍不仅全面评估了此项标准，也对安全技术产业发展、增强安全防护体系提出宝贵建议。

2019年8月，国家市场监督管理总局、国家标准化管理委员会发布中华人民共和国国家标准公告（2019年第10号），其中《信息安全技术 工业控制系统网络审计产品安全技术要求》《信息安全技术 工业控制网络监测安全技术要求及测试评价方法》《信息安全技术 工业控制系统漏洞检测产品技术要求及测试评价方法》《信息安全技术 工业控制系统产品信息安全通用评估准则》《信息安全技术 工业控制系统安全检查指南》《信息安全技术 工业控制网络安全隔离与信息交换系统安全技术要求》《信息安全技术 工业控制系统专用防火墙技术要求》等国家标准为全国信息安全标准化技术委员会归口。

我国近两年发布的部分工业互联网安全相关标准如表 3-1 所示。

表 3-1 我国近两年发布的部分工业互联网安全相关标准

发布时间	标准名称	情况
2018.2	工业互联网平台安全防护要求	正式发布
2018.3	电力信息系统安全检查规范	正式发布
2018.6	信息安全技术 工业控制系统安全管理基本要求	正式发布
2018.6	信息安全技术 工业控制系统信息安全分级规范	正式发布
2018.6	信息安全技术 工业控制系统风险评估实施指南	正式发布
2018.6	信息安全技术 工业控制系统现场测控设备通用安全功能要求	正式发布
2018.11	信息安全技术 关键信息基础设施安全检查评估指南	报批稿
2019.8	信息安全技术 工业控制系统网络审计产品安全技术要求	正式发布
2019.8	信息安全技术 工业控制网络监测安全技术要求及测试评价方法	正式发布
2019.8	信息安全技术 工业控制系统漏洞检测产品技术要求及测试评价方法	正式发布
2019.8	信息安全技术 工业控制系统产品信息安全通用评估准则	正式发布
2019.8	信息安全技术 工业控制系统安全检查指南	正式发布
2019.8	信息安全技术 工业控制网络安全隔离与信息交换系统安全技术要求	正式发布
2019.8	信息安全技术 工业控制系统专用防火墙技术要求	正式发布

20 等保 2.0 对工业控制系统安全的重点要求有哪些?

除了安全通用要求，等保 2.0 对工业控制系统提出了安全扩展要求，以适用工业控制的特有技术和应用场景特点，工业控制系统安全扩展要求（以三级为例）如图 3-1 所示。

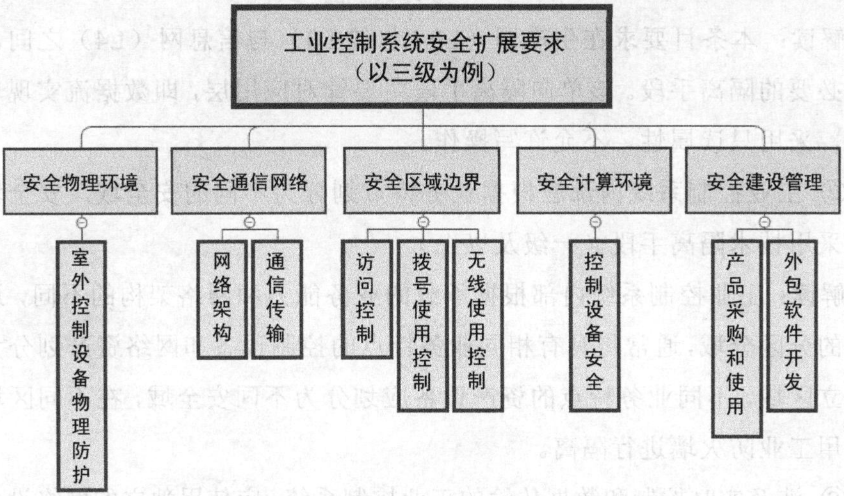

图 3-1 工业控制系统安全扩展要求（以三级为例）

1．安全物理环境

室外控制设备物理防护要求如下。

① 室外控制设备应放置于采用铁板或其他防火材料制作的箱体或装置中并紧固；箱体或装置具有透风、散热、防盗、防雨和防火能力等（一级及以上）。

解读：本条目要求控制系统部署的物理环境安全，确保控制系统的可用性，避免控制设备因宕机、线路短路、火灾、被盗等因素引发其他生产事故，从而影响生产运行。

② 室外控制设备放置应远离强电磁干扰、强热源等环境，如无法避免应及时做好应急处置及检修，保证设备正常运行（一级及以上）。

解读：本条目要求设备部署的外部环境安全，避免因电磁、高温等环境因素影响控制系统正常运行。

2．安全通信网络

（1）网络架构

① 工业控制系统与企业其他系统之间应划分为两个区域，区域间应采用单向的技术隔离手段（一级及以上）。

解读：本条目要求在生产网（L0/L1/L2/L3）与信息网（L4）之间，应具备必要的隔离手段。该单向隔离手段主要针对应用层，即数据流实现单向流通，采用只读属性，不允许写操作。

② 工业控制系统内部应根据业务特点划分为不同的安全域，安全域之间应采用技术隔离手段（一级及以上）。

解读：工业控制系统内部根据承载的业务能力和网络架构的不同，进行合理的分区分域，通常将具有相同业务特点的控制设备和网络资产划分为一个独立区域，不同业务特点的资产设备应划分为不同安全域，在不同区域之间采用工业防火墙进行隔离。

③ 涉及实时控制和数据传输的工业控制系统，应使用独立的网络设备组网，在物理层面上实现与其他数据网及外部公共信息网的安全隔离（二级及以上）。

解读：在实时性要求较高的工业场景中，应在物理层面实现生产网与管理网或其他网络的隔离，禁止生产网与其他网络之间直接进行通信。

（2）通信传输

在工业控制系统内使用广域网进行控制指令或相关数据交换的应采用加密认证技术手段实现身份认证、访问控制和数据加密传输（二级及以上）。

解读：在工业控制系统需要通过广域网进行通信的场景下，需要对通信的主/从站采用相应的身份认证手段，对目标身份进行认证后，进行数据交互；数据交互过程应具备访问控制手段，即对通信的五元组进行管控；生产数据在广域网传输过程中需进行加密处理。

3. 安全区域边界

（1）访问控制

① 应在工业控制系统与企业其他系统之间部署访问控制设备，配置访问控制策略，禁止任何穿越区域边界的 E-mail、Web、Telnet、Rlogin、FTP 等通用网络服务（一级及以上）。

解读：生产网与办公网及管理网间应部署访问控制设备，禁用上述通用网络服务。在保证业务通信正常的条件下，以最小化为原则，禁用一切其他策略。

② 应在工业控制系统内安全域和安全域之间的边界防护机制失效时，及时进行报警（二级及以上）。

解读：本条目旨在要求当边界安全管控故障或失效时，需要存在相应检测机制，能够及时将上述问题通报管理者，避免存在大范围防护盲区。

（2）拨号使用控制

① 工业控制系统确需使用拨号访问服务的，应限制具有拨号访问权限的用户数量，并采取用户身份鉴别和访问控制等措施（二级及以上）。

解读：本条目旨在对采用拨号方式进行网络访问的工业控制系统进行限制，在网络访问过程中对用户的连接数量及会话数量进行限制，同时对访问者身份进行标识验证，并且对所有采用拨号方式的用户进行访问过程的控制。

② 拨号服务器和客户端均应使用经安全加固的操作系统，并采取数字证书认证、传输加密和访问控制等措施（三级及以上）。

解读：本条目旨在要求对建设的拨号网络系统服务器及客户端安装专用安全加固系统，同时在服务器与客户端建立通信时，应采取数字证书认证方式，须对建立的通信内容进行加密，保证通信内容的保密性，并对客户端进行访问控制。

③ 涉及实时控制和数据传输的工业控制系统禁止使用拨号访问服务（四级及以上）。

解读：本条目旨在对具有实时性要求的工业控制系统，采取禁止使用拨号访问服务策略，从物理层面实现实时控制和数据传输功能的工业控制系统不被任何人员或个体拨号访问。

（3）无线使用控制

① 应对所有参与无线通信的用户（人员、软件进程或者设备）提供唯

一性标识和鉴别（一级及以上）。

解读：本条目旨在对无线通信中身份鉴别做出要求，在借助于运营商（无线）网络的组网中，需要对通信端（通信应用设备或通信网络设备）建立基于用户的标识（用户名、证书等），标识具有唯一性且支持对该属性进行鉴别；在工业现场自建无线（Wi-Fi、zigbee 等）网络中，通信网络设备应在组网过程中具备唯一标识，且支持对该设备属性进行鉴别。

② 应对所有参与无线通信的用户（人员、软件进程或者设备）进行授权及执行使用进行限制（二级及以上）。

解读：无线通信中的应用设备或网络设备需支持对无线通信策略进行授权，非授权设备或应用不能接入无线网络；非授权功能不能在无线通信网络中执行响应动作，对于授权用户需要具备权限控制策略。

③ 应对无线通信采取传输加密的安全措施，实现传输报文的机密性保护（三级及以上）。

解读：无线通信过程中，需对报文进行加密，加密方式可分为脱敏加密或私有协议加密，保证通信过程的机密性。

④ 对采用无线通信技术进行控制的工业控制系统，应能识别其物理环境中发射的未经授权的无线设备，报告未经授权试图接入或干扰控制系统的行为（三级及以上）。

解读：应用无线通信技术的工业生产环境，应有识别、检测工业环境中其他未授权无线设备射频信号的应用，并对未授权的无线接入行为及应用进行审计、报警及联动管控，避免无线信号干扰、影响生产，避免未授权用户通过无线接入控制系统，对生产造成破坏。

4. 安全计算环境

控制设备安全要求如下。

① 控制设备自身应实现相应级别安全通用要求提出的身份鉴别、访问控制和安全审计等安全要求，如受条件限制，控制设备无法实现上述要求，应由其上位控制或管理设备实现同等功能或通过管理手段控制（一级及以上）。

解读：控制设备应实现对应等级的通用安全要求；考虑到控制系统自主可控范围较低，在其自身不满足上述条件时，需通过上位控制系统或其他管理设备实现上述要求。

② 应在经过充分测试评估后，在不影响系统安全稳定运行的情况下对控制设备进行补丁更新、固件更新等工作（一级及以上）。

解读：考虑到工业生产环境的特殊性（应用兼容性较弱），在对控制设备进行补丁更新、固件更新时，需要对控制系统进行充分的验证、兼容性测试、评估后，在停产维修阶段对系统进行更新升级，保障控制系统的可用性。

③ 应关闭或拆除控制设备的软盘驱动、光盘驱动、USB接口、串行口或多余网口等，确需保留的应通过相关的技术措施实施严格的监控管理（三级及以上）。

解读：由于工业生产环境的脆弱性，为避免通过不必要的外设接口对工业系统造成破坏，需将控制设备的软盘驱动、光盘驱动、USB 接口、串行口或多余网口等进行拆除或屏蔽，如不具备拆除条件或确需保留的，应通过管理措施进行严格管控。

④ 应使用专用设备和专用软件对控制设备进行更新（三级及以上）。

解读：控制设备更新需采用专用硬件，确保运维版本控制，控制系统更新均使用专用软件。

⑤ 应保证控制设备在上线前经过安全性检测，避免控制设备固件中存在恶意代码程序（三级及以上）。

解读：控制设备上线前，需要进行脆弱性检测及恶意代码检测。

5．安全建设管理

（1）产品采购和使用

工业控制系统重要设备应通过专业机构的安全性检测后方可采购使用（二级及以上）。

解读：本条目旨在要求工业企业在采购重要及关键控制系统或信息安

全产品时，应该了解该产品是否已通过国家相关的认证标准，并且在相关专业机构进行了安全性检测，目的是防止该类设备运转时出现故障，影响正常生产。

（2）外包软件开发

应在外包开发合同中规定针对开发单位、供应商的约束条款，包括设备及系统在生命周期内有关保密、禁止关键技术扩散和设备行业专用等方面的内容（二级及以上）。

解读：本条是指工业企业在外包项目时，应该与外包公司及控制设备提供商签署保密协议或合同，以保证其不会将本项目重要建设过程及内容进行宣传及案例复用，目的在于保障工业企业在建设时期的敏感信息、重要信息等内容不被泄露。

第 4 章
专门针对工业互联网的木马病毒

21 什么是震网病毒（Stuxnet）？

谈到对工业控制系统的攻击，就不能不提到震网病毒。震网病毒是全球公认的，世界上第一款军用级网络攻击武器，世界上第一款针对工业控制系统的木马病毒，世界上第一款能够对现实世界产生破坏性影响的木马病毒。

震网病毒是 Windows 平台上的恶意代码，起源于 2006 年前后，于 2010 年 6 月被安全公司发现。因为恶意代码中包含“stux”字符，所以被命名为“震网病毒”。

从攻击的原理来看，Stuxnet 攻击的终极目标是核设施中的离心机设备，这种设备用来制造核电站燃料“浓缩铀”。当病毒感染了控制离心机系统的计算机主机（装有 SIMATIC WinCC 系统，西门子视窗控制中心，一般简称 WinCC）后，会首先记录离心机正常连转时的数据，如某个阀门的状态、操作温度或者转速，然后将这个数据不断地发送到监控设备，以使工作人员误认为离心机一直工作正常。与此同时，病毒就会控制 WinCC 系统，并向离心机设备发送虚假的输入控制信号，从而导致离心机改变速度，最终达到令离心机瘫痪乃至报废的目的。

作为世界上首个网络“超级破坏性武器”，Stuxnet 已经感染了全球超过 45000 个网络。伊朗遭到的攻击最为严重，该国的布什尔核电站曾遭到 Stuxnet 的攻击。该病毒利用 USB 使用管理漏洞，渗透进入目标系统，从而修改控制器连接的变频器。攻击者通过检测变频器的工作状态，改变变频器的工作参数，欺骗控制中心，使得离心机无法正常工作。

22 什么是毒区病毒（Duqu）？

毒区病毒是在 Stuxnet 之后最受关注的恶意程序，由布达佩斯技术与经济大学的密码学与系统安全实验室，在 2011 年 9 月 1 日发现。由于它创建的临时文件都是以“~DQ”开头的，因此被命名为 Duqu。Duqu 与 Stuxnet 有一定的相似度，它们都使用了相同的加密算法和密钥。

Duqu 是一种远程控制木马程序（Remote Access Trojan，RAT)，它开启一个简单的后门可以在受害者机器中为攻击者提供一个长久的驻足点。一旦建立了后门，Duqu 就可接触到受害者机器中的命令和控制服务器，然后攻击者可以在该服务器中下载附加的模块，以丰富其攻击程序的功能。同时，Duqu 是有生命周期的，代码执行一段时间后会自毁并删除所有的入侵痕迹。

Duqu 攻击没有使用 0day 漏洞来帮助其传播，也不能像 Stuxnet 那样自动传播。但是一旦机器感染了 Duqu，攻击者只需手动从受控制的服务器发送攻击指令，其就可以立即感染其他机器。Duqu 执行的是系统性强且有条理的攻击，其甚至会根据不同的目标编译不同的攻击文件，执行不同的命令。

2015 年，卡巴斯基又发现了 Duqu2.0，该恶意代码已经在卡巴斯基内部网络潜伏长达数月。其攻击目标是伊朗工业控制系统，目的是盗窃信息，手法包括收集密码、抓取桌面截图、暗中监视用户操作和盗取各类文件等。

23 什么是火焰病毒（Flame）？

火焰病毒是于 2012 年 5 月由卡巴斯基首次发现的超级病毒，其被认为是迄今为止发现的最大规模和最为复杂的网络攻击病毒。Flame 是一种模块化的、可扩展的和可更新的恶意代码，因此具有隐蔽性和攻击性。在收到控制者发出的控制指令后，Flame 就能够通过 USB 移动存储介质或者网络进行复制和传播，而发出控制指令的服务器来自世界各地。其运用包括键盘、屏幕、麦克风、移动存储设备、网络、Wi-Fi、蓝牙、USB 和系统进程在内的所有可能条件收集信息。Flame 还会将用户浏览的网页、通信通话（Skype 聊天记录）、账号密码、键盘输入等记录发送给远程操控病毒的服务器。此外，即便与服务器的联系被切断，攻击者依然可通过蓝牙信号对被感染计算机进行近距离控制。其功能极其丰富，覆盖了用户使用计算机的所有输入/输出的接口。

Flame 病毒开始主要集中攻击中东地区，据统计，世界范围内受感染计算机数量大约在 1000 至 5000 台。攻击伊朗的 Flame 病毒对 AutoCAD 文件、PDF 文件、TXT 文件，以及 Microsoft Word 和其他 Office 格式文件格外关注，其还对桌面上的内容特别感兴趣，似乎在有目的的收集被感染计算机中的技术文档和图纸类情报。

24 什么是 Havex 木马程序？

Havex 于 2013 年发现，是一种用于攻击特定目标的远程控制木马程序。2014 年年初，Havex 开始对工业控制系统发起攻击，感染数据采集与监视控制系统（SCADA）和工业控制系统中使用的工业控制软件。

根据 ICS-CERT、F-secure、赛门铁克的研究表明，攻击者传播 Havex 恶意软件的方式有多种，除了利用工具包、钓鱼邮件、垃圾邮件和重定向到受感染的 Web 网站等传统感染方式，还采用了“水坑式”攻击方式，即通过渗透到目标软件公司的 Web 站点，并等待目标安装那些感染恶意代码的 APP 版本。例如，攻击者将 ICS/SCADA 制造商网站上的相关软件感染木马，当用户下载这些软件并安装时，实现对目标用户的感染。

25 什么是 VPNFilter 病毒？

2018 年 5 月，思科 Talos 团队首次公布 VPNFilter 病毒，由于其核心模块文件名为 VPNFilter，故命名为 VPNFilter，其主要入侵网络设备和存储设备。

VPNFilter 是一个可扩展性强、有较好健壮性、高水平并且非常危险的病毒，高度模块化的框架允许其快速更改操作目标设备，同时为情报收集和寻找攻击平台提供支撑。VPNFilter 破坏性较强，可以通过烧坏用户的设备来掩盖踪迹，比简单地删除恶意软件痕迹更深入，同时 VPNFilter 的组件允许盗窃网站凭证和监控 Modbus SCADA 协议。

2018 年 7 月，乌克兰安全局对外声称，其境内的关键基础设施遭到了 VPNFilter 恶意软件攻击，在某氯气站的工业控制系统中发现了该病毒，但已经被及时清除。如果攻击成功，将会使氯气站的工业控制系统终止运行或崩溃，甚至还有可能对设备造成物理损害，从而导致灾难性事件的发生。

26 什么是 Triton 病毒？

2017 年 11 月中旬，Dragos Inc 团队发现了针对工业控制系统量身定做的恶意软件，并将此恶意软件命名为 Triton。Triton 是首款针对安全仪表系统进行攻击的恶意软件，旨在攻击施耐德电气的工业环境中使用的 Triconex 安全仪表系统控制器，共采用 5 种不同开发语言构建，仅能在其限定的工业设备中执行。Triton 可对安全仪表系统逻辑进行重编辑，使安全仪表系统产生意外动作，对正常生产活动造成影响；可使安全仪表系统失效，在发生安全隐患或安全风险时无法及时实行和启动安全保护机制，从而对生产活动造成影响；还可以对 DCS 实施攻击，并通过安全仪表系统与 DCS 的联合作用，对工业设备、生产活动及人员健康造成影响。

2017 年，Triton 成功攻击了中东地区的一家石油天然气工厂，使其停止运营。其他使用施耐德电气的 Triconex 安全仪表系统控制器的能源单位也面临被攻击的风险。

2018 年 5 月 4 日，Dragos Inc 团队称 Triton 背后的黑客组织已经扩大了攻击范围，除了攻击施耐德电气的 Triconex 安全仪表系统控制器，还会针对其他的工业控制系统实施攻击。

27 什么是沙蒙病毒（Shamoon）？

2012 年，沙蒙病毒在沙特阿拉伯国家石油公司和卡塔尔天然气公司的攻击活动中首次被发现，它能够销毁受感染机器中的文件，并覆盖主引导记录，让计算机瘫痪。Shammoon 使这两家被攻击的公司的 3 万个工作站停产近一个月。之后 Shamoon 在人们的视野中消失了 4 年。

在 2016～2017 年的新一轮攻击中，其以 Shamoon2.0 的身份再次出现。与最初的 Shamoon 恶意软件一样，升级后的版本通过清除 MBR 数据来破坏计算机硬盘驱动器，主要针对沙特阿拉伯国家的石化行业和央行体系，之后再次消失。

2018 年 12 月 10 日，意大利石油和天然气公司遭到网络攻击。攻击者主要针对该公司位于中东地区、印度、苏格兰和意大利的服务器，使用的恶意软件是 Shamoon 的新变体 Shamoon3.0。约有 300 到 400 台服务器及 100 台工作站在此次攻击事件中受到影响。

在 2018 年的攻击活动中，伴随着 Shamoon3.0 出现的还有新数据擦除器 Filerase。Filerase 可擦除（覆盖）受感染系统中的文件。2018 年的 Shamoon 攻击活动由于使用了 Filerase 而更具破坏性。Shamoon 可以擦除受感染系统的主引导记录，但硬盘中的文件可被恢复，而在使用 Filerase 后，任何文件都将无法恢复。

Filerase 具有模块化结构，包含多个在本地网络进行传播的组件。这意味着 Filerase 本身可以作为一个单独的威胁。Filerase 在受害者的本地网络中传播时，依赖一个目标名单来选取目标。在初始感染过程中，该名单是由 OCLC.exe 组件复制的，并发送给 Spreader.exe 工具，后者将 Filerase 复制到名单中的机器上。该名单是一个包含不同受害者名字的文本文件，这些名字很有可能是攻击者在攻击的早期阶段收集的。

28 什么是格盘病毒？

2014 年 12 月，一名黑客通过 Twitter 向韩国水电与核电公司发出警告，要求其停止运行核电站，同时公开了包括两座核电站部分设计图在内的 4 份压缩文件。这次事件中所用的木马就是格盘病毒——MBR Wiper。

格盘病毒通过发送钓鱼邮件，使用大量的社会工程学诱使受害者打开这些文件，从而感染病毒。格盘病毒分为两部分：一部分是系统的感染程序，另一部分是 MBR 区的改写程序。系统的感染程序结束用户系统指定进程，删除注册表中“安全模式”相关的项，使系统无法进入安全模式，同时进行映像劫持，在用户执行被劫持的程序时，会运行指定的程序。感染程序还能篡改系统文件，关闭 Windows 系统文件保护，同时查找安全软件进程，运行后删除自身，利用输入法机制，注入文件到指定进程；MBR 区的改写程序主要修改磁盘 MBR，该手法常被病毒用于更早地获取控制权，同时查找安全软件进程并终止，最后提升系统权限，查找指定进程，启动指定服务。

29 什么是 BlackEnergy 病毒？

2015 年 12 月 23 日，乌克兰电力供应商通报了持续三个小时的大面积停电事故，后经调查发现，停电事故是由于遭遇网络攻击。攻击者使用附带有恶意代码的 Excel 邮件附件渗透了某电网工作站员工的系统，向电网网络植入了 BlackEnergy，获得对发电系统的远程接入和控制能力。

BlackEnergy 是一款自动化的网络攻击工具，于 2007 年被 Arbor 网络公司首次发现，主要影响领域是电力、军事、通信和政府等的基础设施。BlackEnergy 被各种犯罪团伙使用多年。其可采用插件的方式进行扩展，第三方开发者可以通过增加插件并针对攻击目标进行组合，实现更多攻击。例如，一些人用它发送垃圾邮件，另一些人用它盗取银行凭证。BlackEnergy 工具带有一个构建器（Builder）应用程序，可生成感染受害者机器的客户端。同时该工具还配备了服务器脚本，用于构建命令及控制（C&C）服务器。这些脚本也提供了一个接口，攻击者可以通过它控制“僵尸机”。该工具具有简单易用的特点，因此任何人只要能接触到这个工具，就可以利用它来构建自己的“僵尸”网络。

以乌克兰电网受攻击事件为例，该病毒的攻击者在微软 Office 文件（一个后缀名为.xls 的文档）中嵌入了恶意宏文件，并以此作为感染载体感染目标系统。攻击者通过钓鱼邮件的方式，将恶意文档以附件形式发送到目标用户，目标用户在接收到这封含有恶意文件的钓鱼邮件之后就会被病毒感染。攻击者将该邮件的发送地址进行了伪装，使用户认为这些邮件来自合法渠道。在恶意文件中还包含一些文字信息，以欺骗用户运行文档中的宏。如果攻击者成功地欺骗了目标用户，那么他们的计算机系统将会感染BlackEnergy恶意程序，再通过BlackEnergy释放出具有破坏性的KillDisk组件和SSH后门。KillDisk组件能够破坏计算机硬盘驱动器中的核心代码，并删除指定的系统文件；利用SSH后门，黑客可通过一个预留的密码来远程访问并控制电力系统的运行，最终通过执行shutdown命令关机，此时系统遭到严重破坏，关机之后已经无法重启，导致电力系统无法恢复运行，出现大面积的停电事故。

30 什么是GreyEnergy病毒？

GreyEnergy病毒被认为是BlackEnergy的继任者，其一直被用来攻击乌克兰和波兰的能源公司，以及其他高价值目标。GreyEnergy的恶意软件框架与BlackEnergy有许多相似之处，各模块均通过攻击组织确认后上传，其中，大部分模块都用于侦察（包括后门、文件提取、截屏、键盘记录、密码和凭证窃取等）。GreyEnergy的使用者持续瞄准运行SCADA软件和服务器的工业控制系统控制工作站，这些工作站往往是关键任务系统，除了定期维护，几乎不会进入脱机状态。

31 什么是Industroyer病毒？

2017年6月12日，一款针对电力变电站系统进行恶意攻击的工业控制网络恶意软件Industroyer被ESET披露。Industroyer可以控制几十年前设计的变电站开关和断路器，允许攻击者轻易地关闭断路器，造成级联故障，甚至对设备造成更严重的损坏。Industroyer目前支持4种工业控制协议：IEC

60870-5-101、IEC 60870-5-104、IEC 61850 及 OPC DA Process Control Data Access。这些协议广泛应用在电力调度、发电控制系统，以及需要对电力进行控制的领域，如轨道交通、石油石化等。

与袭击乌克兰电网最终导致 2015 年 12 月 23 日断电使用的工具集（BlackEnergy、KillDisk，以及其他攻击模块）相比，Industroyer 的功能更多，它可以直接控制开关和断路器。其背后的黑客团队无论从技术能力还是从对目标工业控制系统的研究深度都远远超过了2015年12月乌克兰电网攻击背后的黑客团队。

第 5 章

影响工业互联网的勒索病毒

勒索病毒以传播快、目标性强著称。传播多利用“永恒之蓝”漏洞、暴力破解、钓鱼邮件等方式。同时勒索病毒文件一旦被点击打开，进入本地，就会自动运行，同时删除勒索软件样本，以躲避查杀和分析。

32 什么是 WannaCry 勒索病毒？

2017 年 5 月 12 日，WannaCry 勒索病毒全球大爆发，至少感染了 150 个国家的 30 万用户，造成损失高达 80 亿美元。WannaCry 通过 MS17-010 漏洞在全球范围传播，感染了大量的计算机，该病毒感染计算机后会在计算机中植入勒索软件，导致计算机大量文件被加密。受害者计算机被黑客锁定后，病毒会提示需要支付相应赎金方可解密。感染 WannaCry 勒索病毒后的界面如图 5-1 所示。

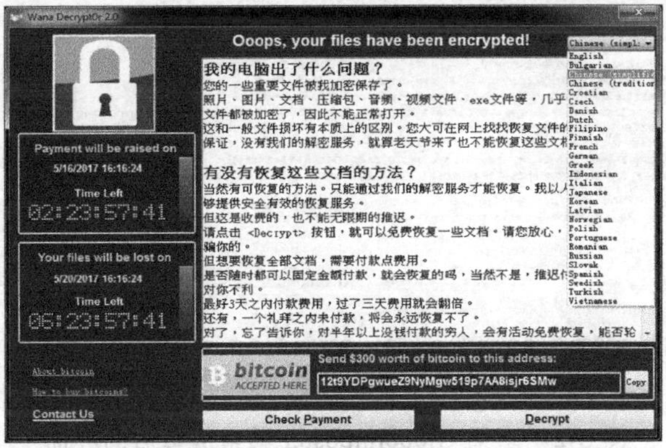

图 5-1　感染 WannaCry 勒索病毒后的界面

病毒常见后缀为：wncry。

传播方式为："永恒之蓝"漏洞。

特征为：启动时会连接一个不存在的 url；创建系统服务 mssecsvc2.0；释放路径为 Windows 目录。

令人震惊的是，除了有大量办公网络被攻击和感染，还有多个全球知名工业设施由于遭受 WannaCry 感染而出现故障。根据卡巴斯基实验室分享的有关监控数据显示：罗马尼亚汽车制造商达契亚因遭全球网络攻击而停产；雷诺汽车因网络攻击造成部分地区停产；尼桑的桑德兰工厂遭受网络攻击；西班牙多家大型公司，包括 Iberdrola 电力公司和 Gas Natural 天然气公司同样遭受攻击。

33 什么是 GlobeImposter 勒索病毒？

GlobeImposter 勒索病毒最早在 2017 年出现。2018 年 8 月 21 日起，多地发生 GlobeImposter 勒索病毒事件，攻击目标主要是开启远程桌面服务（RDP）的服务器。攻击者通过暴力破解服务器密码，对内网服务器发起扫描并投放勒索病毒，导致文件被加密。该病毒有多个版本，并常通过暴力破解 RDP 后投毒传播，暂时无法解密。感染 GlobeImposter 勒索病毒后的界面如图 5-2 所示。

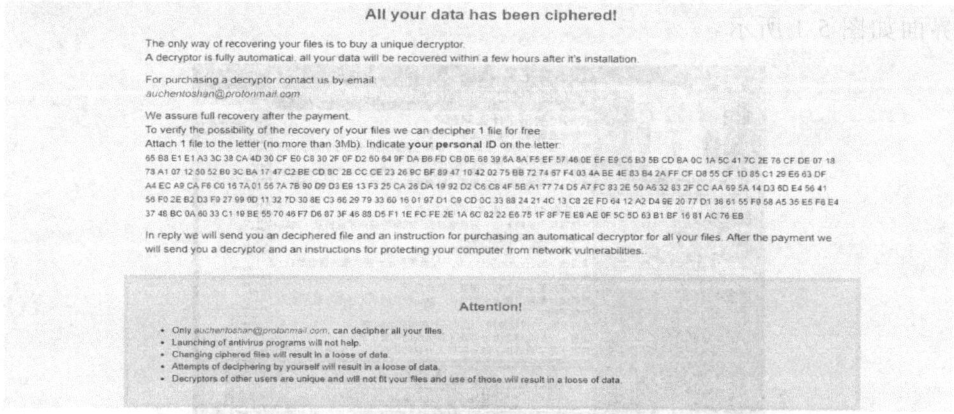

图 5-2　感染 GlobeImposter 勒索病毒后的界面

病毒常见后缀为：auchentoshan、动物名+4444。

传播方式为：RDP 暴力破解、垃圾邮件、捆绑软件。

特征为：释放位置在%appdata%或%localappdata%。

自 2018 年 10 月起，某炼钢厂工业生产网络各流程工艺主机遭受 GlobeImposter 勒索病毒的攻击，出现不同程度蓝屏、重启现象。此前在其他厂区曾出现过类似现象。10 月 18 日某炼钢厂曾出现主机蓝屏、重启，10 月 30 日晚蓝屏、重启主机数量增多，达到十几台。并且病毒在 L1 生成网络有爆发的趋势，厂区紧急配置了趋势杀毒服务器，并在各现场工业主机终端安装趋势杀毒网络版本进行杀毒，部分机器配合打补丁进行应急处置。

34 什么是 Crysis/Dharma 勒索病毒？

Crysis/Dharma 勒索病毒最早出现在 2016 年，2017 年 5 月在万能密钥被公布之后，消失了一段时间，但在 2017 年 6 月开始继续更新。攻击方法同样是通过远程 RDP 暴力破解的方式，植入用户的服务器进行攻击。由于采用 AES+RSA 的加密方式，其最新版本无法解密。感染 Crysis/Dharma 勒索病毒后的界面如图 5-3 所示。

图 5-3　感染 Crysis/Dharma 勒索病毒后的界面

病毒常见后缀为：id+勒索邮箱+特定后缀。

传播方式为：RDP 暴力破解。

特征为：勒索信位置在 startup 目录；样本位置在%windir%\System32、startup 目录、%appdata%目录。

某汽车板材制造商工业生产网络，自 2018 年 7 月起遭受 Crysis/Dharma 勒索病毒的攻击，7 月 17 日 16 时左右，其生产线的一台 Windows Server 2008 R2 主机出现蓝屏、重启现象，18 时 52 分左右，下游 4 台服务器出现重启。现场工程师通过查阅资料，对病毒进行了手动处理。9 月 10 日开始各条生产线出现大量蓝屏和重启现象，除重卷#2、连退生产线外，其他酸轧、包装、重卷#1、镀锌生产线全部出现病毒感染、蓝屏、重启现象。病毒对正常生产造成严重影响。

35 什么是 GandCrab 勒索病毒？

GandCrab 勒索病毒最早出现在 2018 年年初，仅半年的时间，就连续出现了 V1.0、V2.0、V2.1、V3.0、V4.0 等变种。病毒采用 Salsa 20 和 RSA-2048 算法对文件进行加密，并修改文件后缀为.GDCB、.GRAB、.KRAB 或 5～10 位随机字母，同时将感染的主机桌面背景替换为勒索信息图片。GandCrab V5.1 及之前版本可解密，GandCrab V5.2 版本无法解密。感染 GandCrab 勒索病毒后的界面如图 5-4 所示。

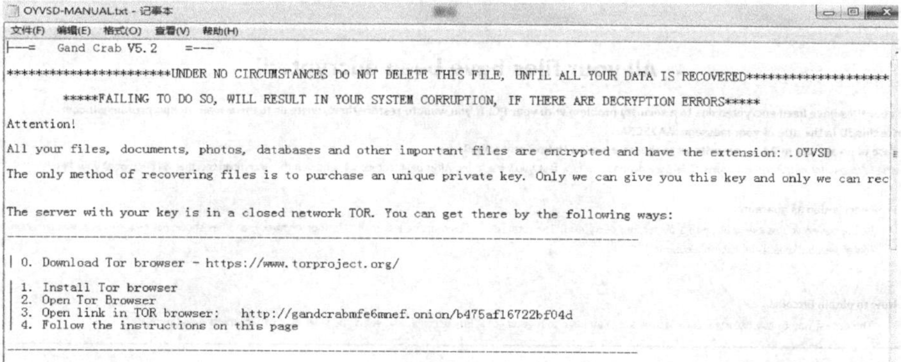

图 5-4 感染 GandCrab 勒索病毒后的界面

病毒常见后缀为：随机生成。

传播方式为：RDP 暴力破解、钓鱼邮件、捆绑软件、僵尸网络、漏洞传播等。

特征为：样本执行完毕后自删除；修改操作系统桌面背景。

2019 年 2 月 14 日，某半导体事业部制造中心的卧式炉、厚度检测仪、四探针测试仪、铜区等多个车间的机台主机及 MES 客户端不同程度遭受 GandCrab 勒索病毒攻击，出现蓝屏、重启现象。后通过内部处理，暂时抑制了病毒的蔓延。

36 什么是 Satan 勒索病毒？

Satan 勒索病毒于 2017 年 1 月首次出现。该勒索病毒进行 Windows 和 Linux 双平台攻击，最新版本攻击成功后，会加密文件并修改文件后缀。除通过 RDP 暴力破解外，一般还通过多个漏洞传播。感染 Satan 勒索病毒后的界面如图 5-5 所示。

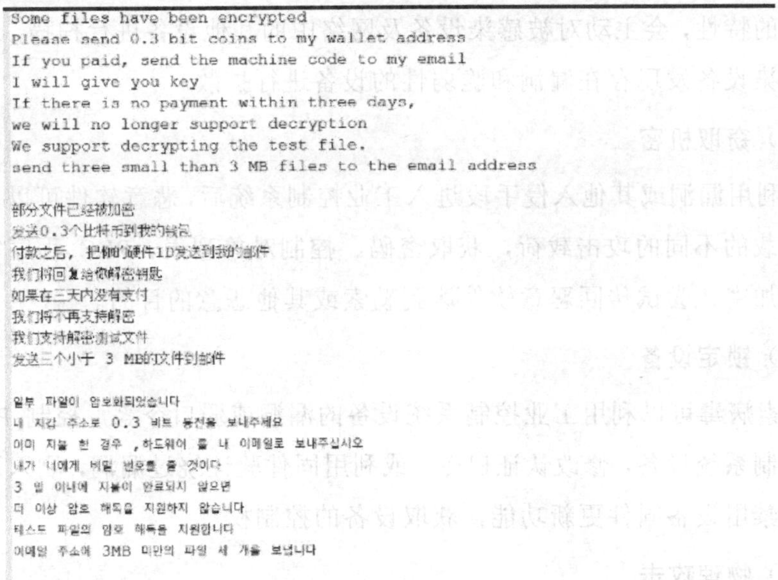
Some files have been encrypted
Please send 0.3 bit coins to my wallet address
If you paid, send the machine code to my email
I will give you key
If there is no payment within three days,
we will no longer support decryption
We support decrypting the test file.
send three small than 3 MB files to the email address

部分文件已经被加密
发送0.3个比特币到我的钱包
付款之后，把你的硬件ID发送到我的邮件
我们将回复给你解密钥匙
如果在三天内没有支付
我们将不再支持解密
我们支持解密测试文件
发送三个小于 3 MB的文件到邮件

일부 파일이 암호화되었습니다
내 지갑 주소로 0.3 비트 동전을 보내주세요
이미 지불 한 경우 ,하드웨어 를 내 이메일로 보내주십시오
내가 너에게 비밀 번호를 줄 것이다
3 일 이내에 지불이 완료되지 않으면
더 이상 암호 해독을 지원하지 않습니다
테스트 파일의 암호 해독을 지원합니다
이메일 주소에 3MB 미만의 파일 세 개를 보냅니다

图 5-5 感染 Satan 勒索病毒后的界面

病毒常见后缀为：evopro、sick 等。

传播方式为："永恒之蓝"漏洞、RDP 暴力破解、JBOSS 系列漏洞、Tomcat 系列漏洞、Weblogic 组件漏洞等。

特征为：新变种 evopro 暂时无法解密，旧变种可解密。

自 2018 年 11 月 12 日起，某卷烟厂卷包车间办公室主机遭受 Satan 勒索病毒攻击，出现不同程度蓝屏、重启现象。随后通过内部处理（安装免费版本杀毒软件、关闭 445 端口等）暂时解决了问题。11 月 19 日，卷包车间工业生产网络（包括数采、物流和生产）较多数量工业主机再次出现蓝屏、重启现象，病毒在生产网络中大规模爆发。

37 勒索病毒对工业控制系统有哪些破坏？

（1）加密文件

在目前已经曝光的案例中，勒索病毒主要感染 Windows 设备，将设备用户文件进行加密，覆盖或破坏原始文件，并且绝大多数勒索病毒都具备蠕虫病毒的特性，会主动对被感染设备及网络中的其他设备进行扫描，通过内网和感染设备发现存在漏洞和脆弱性的设备进行扩散。

（2）窃取机密

在利用漏洞或其他入侵手段进入工业控制系统后，恶意软件可以根据其需要搭载的不同的攻击载荷，获取密码、控制对象列表、PLC 程序等机密信息并加密，尝试传回恶意软件达到勒索或其他恶意的目的。

（3）锁定设备

勒索病毒可以利用工业控制系统设备的漏洞或弱口令等，控制 PLC 等工业控制系统设备，修改认证口令，或利用固件验证绕过漏洞，刷入恶意固件，并禁用设备固件更新功能，获取设备的控制权。

（4）物理攻击

在某些特殊场景下，勒索病毒可以控制 PLC，执行某些会对物理世界造成威胁的动作，如锁定阀门或修改上报的参数，欺骗操作人员。研究人员已经在模拟环境中实现勒索病毒控制水处理厂，关闭城市供水或增加氯浓度，污染城市用水等攻击行为。

万幸的是，目前已公开的案例中勒索病毒对工业控制系统的威胁还停留在加密文件勒索阶段，尚未造成人员伤亡或无法挽救的重大财产损失。

38 遭遇勒索病毒后如何进行自救？

当已经确认感染勒索病毒后，应当及时采取必要的自救措施。之所以要进行自救，主要是因为：等待专业人员的救助往往需要一定的时间，采取必要的自救措施，可以避免等待过程中损失的进一步扩大。采取自救措施的目的是及时止损，将损失降到最低。自救方法如下。

（1）隔离“中招”主机

处置方法如下。

当确认服务器已经被感染勒索病毒后，应立即隔离被感染主机，隔离主要包括物理隔离和访问控制两种手段。

① 物理隔离

物理隔离常用的操作方法是断网和关机。

断网主要操作步骤为：拔掉网线、禁用网卡，如果是笔记本电脑还需关闭无线网络。

② 访问控制

访问控制常用的操作方法是加策略和修改登录密码。

加策略主要操作步骤为：在网络侧使用安全设备进行进一步隔离，如使用防火墙或终端安全监测系统；避免将远程桌面服务（默认端口为 3389）暴露在公网上（如为了远程运维方便确有必要开启，则可通过 VPN 登录后访问），并关闭 445、139、135 等不必要的端口。

修改登录密码主要操作步骤为：第一，立刻修改被感染服务器的登录密码；第二，修改同一局域网下其他服务器的密码；第三，修改最高级系统管理员账号的登录密码。修改的密码应为高强度的复杂密码，一般要求为：采用大小写字母、数字、特殊符号混合的组合结构，位数应足够长（15 位、两种组合以上）。

处置原理如下。

隔离的目的一方面是为了防止感染主机自动通过所连接的网络继续感染其他服务器；另一方面是为了防止黑客通过感染主机继续操控其他服务器。

有一类勒索病毒会通过系统漏洞或弱密码向其他主机进行传播，如 WannaCry 勒索病毒，一旦有一台主机感染，就会迅速感染与其在同一网络中的其他计算机，且每台计算机的感染时间约为 1～2 分钟。所以，如果不及时进行隔离，可能会导致整个局域网主机的瘫痪。

另外，近期也发现有的黑客会以暴露在公网上的主机为跳板，再顺藤摸瓜找到核心业务服务器进行勒索病毒攻击，造成更大规模的破坏。

当确认服务器已经被感染勒索病毒后，应立即隔离被感染主机，防止病毒继续感染其他服务器，造成无法估计的损失。

（2）排查业务系统

处置方法如下。

在已经隔离被感染主机后，应对局域网内的其他机器进行排查，检查核心业务系统是否受到影响，生产线是否受到影响，并检查备份系统是否被加密等，以确定感染的范围。

处置原理如下。

业务系统的受影响程度直接关系着事件的风险等级。因此，应及时评估风险，采取对应的处置措施，避免更大的危害。

另外，备份系统如果是安全的，就可以避免支付赎金，顺利恢复文件。

当确认服务器已经被感染勒索病毒，并确认已经隔离被感染主机后，应立即对核心业务系统和备份系统进行排查。

（3）联系专业人员

在应急自救处置后，建议第一时间联系专业的技术人员或安全从业者，对事件的感染时间、传播方式、感染家族等问题进行排查。

第 6 章

攻击工业互联网的知名黑客组织

39 什么是 Equation Group?

Equation Group（方程式组织）是由卡巴斯基实验室于 2015 年披露的网络攻击幕后组织。该组织在攻击复杂性和攻击技巧方面超越了历史上所有已知的网络攻击组织，并且掌握大量 0day 漏洞，是一个十分先进而隐秘的计算机间谍活动团体。该团体的恶意软件至少已感染 42 个国家的上千台计算机，受害者涉及各国政府、军工、能源，以及重要基础设施建设领域等，与此前发现的火焰病毒及震网病毒的幕后组织存在联系。

2016 年 8 月以来，一个自称为“影子经纪人”的黑客组织宣称获得了方程式组织的大量网络武器代码，并开始不断在互联网上公开这些武器代码。

特别值得一提的是，一般的组织不会对普通个人计算机用户产生直接影响，但方程式组织则不然，因为其泄露的大量高级网络武器代码已经广泛用于民用攻击。

2017 年 4 月，影子经纪人在互联网上公布了包括“永恒之蓝”在内的一大批据称是方程式组织的漏洞利用工具源代码。仅仅一个月后，即 2017 年 5 月 12 日，一款利用了“永恒之蓝”工具的勒索病毒 WannaCry，即“永恒之蓝勒索蠕虫”开始在全球范围内大规模爆发。短短几个小时内，中国、英国、美国、德国、日本、土耳其、西班牙、意大利、葡萄牙、俄罗斯和乌克兰等国家均报告遭到了 WannaCry 的攻击，大量机构设备陷入瘫痪。这也是近年来全球范围内最大规模的一场网络病毒灾难。遭遇 WannaCry 勒索病毒攻击的 ATM 机如图 6-1 所示。

图 6-1　遭遇 WannaCry 勒索病毒攻击的 ATM 机

2017 年 6 月 27 日，一款名为 Petya 的勒索病毒开始从乌克兰扩散。乌克兰政府部门、中央银行、国家电力公司、能源公司、基辅机场、切尔诺贝利核事故隔离区监测系统、地铁、电信系统，以及一些商业银行、自动提款机、加油站、大型超市均受到影响。Petya 与 WannaCry 十分类似，也利用了“永恒之蓝”这款网络武器进行传播，只是传播的早期具有较强的针对性。超市遭遇 Petya 勒索病毒攻击如图 6-2 所示。

图 6-2　超市遭遇 Petya 勒索病毒攻击

事实上，方程式组织网络武器的泄露，已经成为全球网络安全领域的一场噩梦。此外，根据影子经纪人的说法，该组织还将公开某些 0day 漏洞武器。而 0day 漏洞武器一旦被用于民用攻击，将意味着传统的防御手段就几乎无效了。这一切都迫使网络安全工作者重新思考和定位自己的工作，并需要找到新的方法来解决新形势下的安全问题。

40 什么是 Dragonfly?

Dragonfly（蜻蜓）黑客组织又名 Energetic Bear（活力熊）、Crouching Yeti（蹲伏雪人），是一个专门以能源电力机构、工业控制系统设备制造厂商、石油管道运营商等为攻击目标的黑客组织，早期攻击的目标为防务和航空公司、能源公司，大多数受害者分布在美国、西班牙、法国、意大利、德国、土耳其和波兰。

Dragonfly 自 2010 年开始活跃，直到 2014 年被安全公司披露后，一度停止了攻击活动，但是在 2017 年 9 月，又开始频繁活动。因为最新发现的 Dragonfly 从攻击目的和恶意代码技术上都有所提升，所以被称为“蜻蜓二代”（Dragonfly2.0）。

蜻蜓二代和蜻蜓一代一样，使用多种攻击方式（恶意电子邮件、水坑攻击和合法软件捆绑）对目标进行渗透并植入恶意代码。早期的 Dragonfly 活动处于探索性阶段，攻击者只是试图进入目标组织的网络；而 Dragonfly2.0 的活动则显示出攻击者已经进入了一个新的阶段。最近的袭击活动可能为攻击者提供了访问操作系统的机会，将来可能被用于更具破坏性的攻击。

41 什么是 Xenotime?

Xenotime 黑客组织自 2014 年开始活跃，2017 年 12 月，该黑客组织利用施耐德电气的 Triconex 安全仪表系统控制器的 0day 漏洞，攻击沙特阿拉伯一家石油天然气工厂，致其停运。使用的恶意软件称为 Triton 或 Trisis，是第一款针对安全仪表系统控制器的恶意软件。

42 什么是 Sandworm?

Sandworm（沙虫）黑客组织有多个名称，还曾被命名为 BlackEnergy、TeleBots、Electrum、TEMP.Noble 和 Quedagh，自 2007 年开始活跃。2014 年，因使用 Windows 的 0day 漏洞（CVE-2014-4114）攻击政府组织机构而声名狼藉。2015 年，通过 BlackEnergy 恶意软件攻击乌克兰电网，导致大面积停电。

2018 年 10 月 18 日，ESET 研究团队称发现一个新的 APT 组织 GreyEnergy，且该 APT 组织是 BlackEnergy 的继承者。BlackEnergy 因 2015 年引发的乌克兰停电事件而被大家熟知，此后便销声匿迹，同时 GreyEnergy 的活动记录显现。另外，2015 年同期还出现了另一个组织 TeleBots。

ESET 研究团队认为 BlackEnergy 演变为两个独立的组织：TeleBots 和 GreyEnergy。其中 GreyEnergy 主要针对乌克兰和波兰的能源部门、交通部门等高价值目标，攻击行为主要是网络侦察（即间谍行为）。GreyEnergy 与 BlackEnergy 具有很多相似之处，它也是采用模块化结构，目前已经发现的模块有：注入模块、获取系统信息模块、文件管理模块、屏幕截图模块、键盘记录模块、密码和凭证窃取模块、代理模块、ssh 隧道模块等，但是至今仍未发现专门针对工业控制系统的恶意软件模块。

第 7 章

工业控制系统（ICS）

43 什么是工业控制系统?

工业生产加工过程经历了最初的手工作业、半自动机械化和自动机械化等几个阶段。现在人们熟悉的工业控制系统，主要是自动机械化生产过程的自动控制系统。

工业控制系统是数据采集与监视控制系统、分布式控制系统、过程控制系统、可编程逻辑控制器和其他控制系统的总称。工业控制系统通常由共同作用实现某一工业用途的控制部件组合而成，是工业生产基础设施的关键组成部分，广泛应用于电力、水利、化工、交通、能源、冶金、航空航天等国家重要基础设施领域，超过80%的涉及国计民生的关键基础设施依靠工业控制系统实现自动化作业。

工业控制系统的主要功能是将操作站发出的控制指令和数据（如打开或关闭一个阀门）推送到控制现场执行机构，同时采集控制现场的状态信息反馈给操作站，并通过数字、图形等形式展现给操作人员。简单地说，工业控制是利用电子电器、机械元件、控制设备、计算机系统等实现对工业设备的自动控制。

随着经济与技术的发展，工业控制系统在应对传统功能安全威胁的同时，也面临越来越多的工业控制信息安全威胁。工业互联网是工业网络的智能化和网络化扩展的结果，而工业网络以工业控制系统为核心，因此工业控制系统也是工业互联网的核心。工业互联网安全保障的核心是保障工业控制系统正常运转。

44 什么是工业控制网络?

工业控制网络是工业控制系统中的网络部分，是一种把工厂中各个生产流程和自动化控制系统通过各种通信设备组织起来的通信网络。工业控制系统包括工业控制网络和所有的工业生产设备，而工业控制网络只侧重工业控制系统中组成通信网络的元素，包括通信节点（如上位机、控制器等）、通信网络（如现场总线、以太网及各类无线通信网络等）、通信协议（如 Modbus、PROFIBUS 等）。工业控制网络由多个“网络节点”构成，这些网络节点指分散在各个生产现场，具有相应数字通信能力的测量控制仪器。它采用规范、公开的通信协议，把现场总线当成通信连接的纽带，从而使现场控制设备可以相互沟通，共同完成相应的生产任务。

45 工业控制系统的架构是如何划分的?

一个典型的工业控制系统架构包括现场设备层、现场控制层、过程监控层、生产管理层和企业资源层 5 个层次，如图 7-1 所示。

现场设备层主要用于采集现场仪表的模拟量和数字量，不同场景下的定义不同，如包括压力、温度、湿度等内容。

现场控制层主要通过控制器采集各个现场仪表的数据，通过内部既定的逻辑对仪表的运行状态进行监视。在有闭环控制的场景下，实现对采集量的调整和处理。

过程监控层是基于 IT 计算机的计算环境，通过与控制器之间的多种连接方式实现对控制器数据的采集、处理和展示。组态软件通过对业务对象的数据指标进行配置实现对业务逻辑的控制。同时，为了适配不同应用场景下的展示，可以通过画面组态的方式将采集的 I/O 点与业务应用场景进行对应，对生产的历史数据进行分析和呈现。

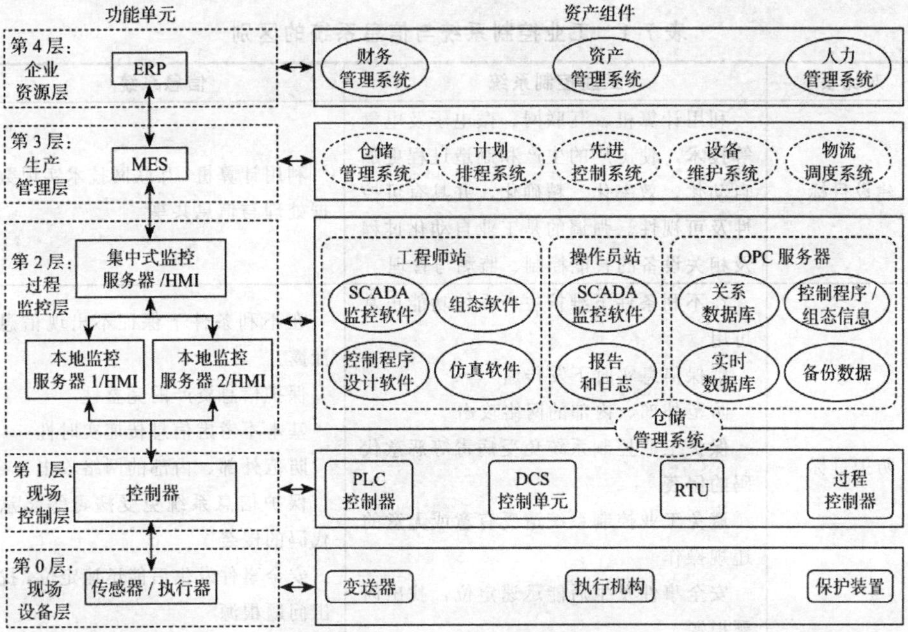

图 7-1　典型的工业控制系统架构

生产管理层主要完成对生产计划的处理、业务工艺指令的调优及调度指令的控制等，更加偏重于计划任务的管理。

另外，在生产管理层之上还有企业资源层。由于企业资源层主要以企业各类信息为主，属于传统的信息系统，因此在工业控制系统中一般不深入讨论。

46 工业控制系统与信息系统的区别是什么？

最初，工业控制系统和信息系统有非常大的差异，工业控制系统有专有控制协议，使用专有硬件和软件组件。随着工业控制系统采用信息系统的解决方案，以促进企业连接和远程访问能力，并使用行业标准的计算机、操作系统和网络协议进行设计和实施后，工业控制系统与信息系统逐渐相似。但两者因为建设目标的不同，使得在技术、管理与服务等很多方面仍存在较大差异。工业控制系统与信息系统的区别如表 7-1 所示。

表 7-1　工业控制系统与信息系统的区别

对比项	工业控制系统	信息系统
建设目标	利用计算机、互联网、微电子及电气等技术，使工厂的生产和制造过程更加自动化、效率化、精确化，并具有可控性及可视性。强调的是工业自动化过程及相关设备的智能控制、监测与管理	利用计算机、互联网技术实现数据处理与信息共享
防护目标	在不利条件下维护生产系统功能正常可用 确保信息实时下发传递 防范外部、内部的网络攻击 保护工业控制系统免受病毒等恶意代码的侵袭 避免工业控制系统遭受有意或无意的违规操作 安全事件发生后能迅速定位，找出问题根源	在不利条件下保证不出现信息泄露 保护信息资产的完整性 基本不考虑信息传递实时性 防范外部、内部的网络攻击 保护信息系统免受病毒等恶意代码的侵袭 安全事件发生后能迅速定位，找出问题根源
体系架构	主要由 SCADA、DCS、PLC、RTU 等工业控制设备及系统组成	由计算机系统通过互联网协议组成的计算机网络
操作系统	广泛使用嵌入式操作系统 VxWorks、uCLinux、Windows CE 等，并有可能根据需要进行功能裁减或定制	使用 Windows、UNIX、Linux 等通用操作系统
安全软件	基本不安装杀毒软件	杀毒软件是标配
数据交换协议	包括专用通信协议或规约（OPC、Modbus、DNP3.0 等），直接使用或供 TCP/IP 协议的应用层使用	TCP/IP 协议栈（应用层协议：HTTP、FTP、SMTP 等）
数据保密性	控制数据的保密性，除特定行业外要求不高	数据保密性要求高
存储空间限制	系统存储空间较少，可实现的功能较单一	存储空间大，可实现更加复杂的功能
系统实时性	系统传输、处理信息的实时性要求高，不能停机和重启恢复，但不需要高吞吐量	系统的实时性要求不高，信息传输允许延迟，可以停机和重启恢复，但需要高吞吐量
系统连续性	多数工业控制系统需要连续工作，如果停止运行，需要提前计划	对于连续工作要求不高，可以接受停止、重启等操作
系统故障响应	不可预料的中断会造成经济损失或灾难，故障必须紧急响应处理	不可预料的中断可能会造成任务损失，系统故障的处理响应级别根据信息系统的要求而定

（续表）

对比项	工业控制系统	信息系统
系统升级难度	专有系统兼容性差、软/硬件升级较困难，一般很少进行系统升级。如需升级可能需要整个系统升级换代	采用通用系统，兼容性较好，硬件升级较容易，且软件系统升级较频繁
物理环境	一般无机房，直接部署在生产环境中，无专用散热装备，环境条件恶劣，存在高温、高湿、粉尘大、震动、酸碱腐蚀等情况，基本无监控、登记管理措施	配有专用机房，统一放置设备，配有空调，环境条件优良，温湿度基本恒定，灰尘小，无震动，无腐蚀性，配有防盗门、视频监控、出入登记等
管理维护	管理制度不完善，甚至缺失 缺乏专业技术人员 设备维护依赖提供商 政策标准文件不完善	管理制度比较完善 配备专业维护技术人员 能够实现自我维护 标准政策文件完整

47 工业控制系统有哪些重要系统/设备？

工业控制系统的发展经历了从最初的计算机集中控制系统，到第二代的分布式控制系统，再到现场总线控制系统。为了适应远距离分布的工业生产系统的需要，工业领域使用了数据采集与监视控制系统，同时，无论哪种工业控制系统，都离不开最小的控制单元——可编程逻辑控制器。下面简要介绍几种重要的系统/设备。

（1）数据采集与监视控制系统（Supervisory Control And Data Acquisition，SCADA）

数据采集与监视控制系统中，集成数据采集系统、数据传输系统和人机交互设备，可以通过远程方式对现场的运行设备进行监视和控制，以实现数据采集和设备控制功能。主要应用于控制现场区域分布较为分散，且控制主站与控制对象相距较远（如污水处理系统、电力设施的输电和配电系统、铁路运输系统、输油和输气管道）的场景。

数据采集与监视控制系统主要由三部分组成，分别为主终端单元、通信系统和远程终端单元。主终端单元采用通用计算机处理现场传输过来的监控数据，使操作人员能够实时地掌控系统的运行状态和实施控制指令；远程终端单元主要完成数据采集和通信工作，通常运转在无人值守的现场环境中，其运行状态的正确与否，直接影响控制现场执行机构的运行；通信系统的主要作用是传输主终端单元和远程终端单元通信的指令和数据，可基于光纤及电话线、GPRS、微波、卫星通信，以及3G/4G和互联网等方式。

（2）分布式控制系统（Distributed Control System，DCS）

分布式控制系统也称为集散式控制系统，其按区域将微处理机安装在测量装置与控制执行机构附近，将控制功能尽可能分散，管理功能相对集中，结合了计算机、通信、终端显示和控制技术。分布式控制系统通常采用分级递阶结构，每一级由若干子系统组成，每一个子系统实现若干特定的有限目标，形成金字塔结构。常用于发电厂、炼油厂、污水处理厂、化工厂和制药厂等生产作业集中程度较高的领域。

分布式控制系统主要分为过程级和操作级。过程级主要由过程控制站、I/O单元和现场仪表组成，是系统控制功能的主要实施部分；操作级包括操作员站和工程师站，完成系统的操作和组态。其中，操作员站是操作员对生产过程进行监视、操作和管理的设备，在一些小型的分布式控制系统中，也兼具工程师站的功能；工程师站主要用于对分布式控制系统进行离线组态工作和在线的系统监视、控制和维护。

（3）现场总线控制系统（Fieldbus Control System，FCS）

现场总线是顺应智能现场仪表而发展起来的一种开放型的数字通信技术，其发展的初衷是用数字通信代替一对一的I/O连接方式，将数字通信网络延伸到工业过程现场。根据IEC和美国仪表协会ISA的定义，现场总线是连接智能现场设备和自动化系统的数字式、双向传输、多分支结构的通信网络，它的关键特征是能支持双向、多节点、总线式的全数字通信。

随着现场总线技术与智能仪表管控一体化（仪表调校、控制组态、诊断、报警、记录）的发展，这种开放型的工厂底层控制网络构造了新一代的网络集成式全分布计算机控制系统，即现场总线控制系统。现场总线控制系统作为新一代控制系统，采用了基于开放式、标准化的通信技术，突破了 DCS 采用专用通信网络的局限；同时还进一步变革了 DCS 中“集散”系统结构，形成了全分布式系统架构，将控制功能彻底下放到现场。

简而言之，现场总线将控制系统基础的现场设备变成网络节点连接起来，实现自下而上的全数字化通信，可以认为是通信总线在现场设备中的延伸，将企业信息沟通的覆盖范围延伸到了工业现场。

（4）安全仪表系统（Safety Instrumented System，SIS）

安全仪表系统又称为安全联锁系统，是工厂控制系统中的报警和联锁部分，对控制系统中检测的结果实施报警，进行调节或停机控制，是工厂自动控制中的重要组成部分。

安全仪表系统包括传感器、逻辑运算器和最终执行元件。安全仪表系统可以监测生产过程中出现的或者潜伏的危险，发出报警信息或直接执行预定程序，立即进入操作，防止事故的发生，降低事故带来的危害及其影响。

（5）可编程逻辑控制器（Programmable Logic Controller，PLC）

可编程逻辑控制器是专门为工业环境应用而设计的数字运算操作电子系统。它采用一种可编程的存储器，在其内部存储执行逻辑运算、顺序控制、定时、计数和算术运算等操作的指令，通过数字式或模拟式的输入/输出来控制各种类型的机械设备或生产过程。自 20 世纪 60 年代美国推出可编程逻辑控制器取代传统继电器控制装置以来，可编程逻辑控制器得到了快速发展。同时，可编程逻辑控制器的功能也在不断完善。随着计算机技术、信号处理技术、控制技术、网络技术的不断发展和用户需求的不断提高，可编程逻辑控制器在开关量处理的基础上增加了模拟量处理和运动控制等功能。今天的可编程逻辑控制器不再局限于逻辑控制，其在运动控制、过程控制等领域也发挥着十分重要的作用。

从结构上分，可编程逻辑控制器可分为固定式和组合式（模块式）两种。固定式可编程逻辑控制器包括 CPU 板、I/O 板、显示面板、内存、电源等，这些元素组合成一个不可拆卸的整体；模块式可编辑逻辑控制器包括 CPU

模块、I/O 模块、内存模块、电源模块、底板、机架等，这些模块可以按照一定规则组合配置。典型的可编程逻辑控制器如图 7-2 所示。

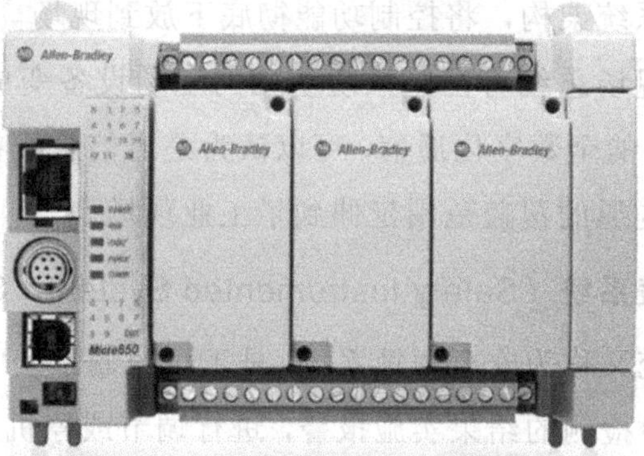

图 7-2　典型的可编程逻辑控制器

（6）远程终端单元（Remote Terminal Unit，RTU）

远程终端单元是一种针对通信距离较长和工业现场环境恶劣的情况而设计的具有模块化结构的、特殊的计算机测控单元，它将末端检测仪表和执行机构与远程调控中心的主计算机连接起来，具有远程数据采集、控制和通信的功能，可接收主计算机的操作指令，控制末端的执行机构动作。

远程终端单元可以用各种不同的硬件和软件来实现，取决于被控现场的性质、现场环境条件、系统的复杂性、对数据通信的要求、实时报警报告、模拟信号测量精度、状态监控、设备的调节控制和开关控制等。由于各制造商采用的数据传输协议、信息结构和检错技术不同，因此其一般都生产 SCADA 中配套的专用远程终端单元。典型的远程终端单元如图 7-3 所示。

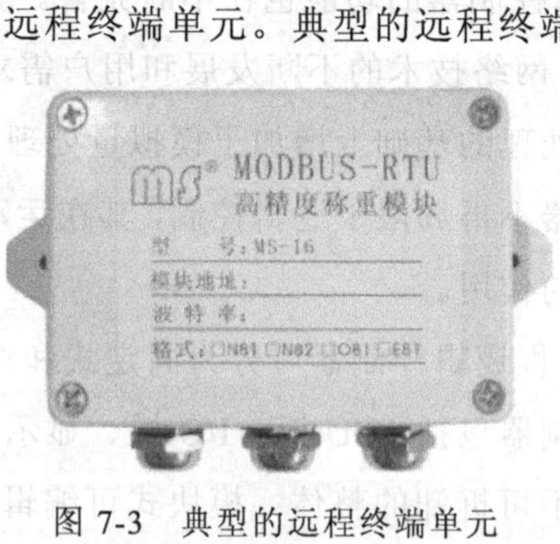

图 7-3　典型的远程终端单元

（7）人机交互界面设备（Human Machine Interface，HMI）

人机交互界面设备是连接 PLC、变频器、仪表灯工业控制设备，利用显示屏显示，通过输入单元（如触摸屏、键盘、鼠标）写入工作参数或输入操作命令，实现人与机器信息交互的数字设备。

人机交互界面设备由硬件和软件两部分构成。硬件包括处理器、显示单元、输入单元、通信接口、数据存储单元等，其中处理器的性能决定了 HMI 的性能高低，是 HMI 的核心单元。根据 HMI 的产品等级不同，处理器可分别选用 8 位、16 位、32 位的处理器。软件一般分为两部分，即运行于 HMI 硬件中的系统软件和运行于 PC 机 Windows 操作系统下的画面组态软件。使用者都必须先使用 HMI 的画面组态软件制作“工程文件”，再通过 PC 机和 HMI 的串行通信口将制作好的“工程文件”下载到 HMI 的处理器中运行。

第 8 章
工业控制系统安全

48 为什么要保护工业控制系统?

从工业互联网的架构来看，工业控制系统是工业互联网的底层，是工业互联网的核心数据来源。同时，工业控制系统是涉及操作技术（OT）的关键逻辑层。工业控制系统与传统信息系统有较大差异，其核心技术主要围绕数据可用性、业务稳定性、指令可靠性、响应实时性、环境适应性等方面进行。

从网络安全的角度看，保护工业互联网底层（即工业控制系统所在的逻辑层）的安全才是最终目标。一旦工业控制系统遭受网络攻击，其将失去核心数据来源和可以控制的对象，使整个工业互联网的其他部分也失去了价值。

从工业互联网的发展过程来看，工业控制系统和工业控制网络的发展将更加智能、更加高效。工业控制系统与智能信息处理系统有机结合，将提高生产效率，提高产品质量，控制整体成本，更好地符合市场需求。

49 工业控制系统安全与信息系统安全三要素的差异是什么?

在传统的信息系统安全领域，通常将保密性（Confidentiality）、完整性（Integrity）和可用性（Availability）称为安全的三种基本属性，简称 CIA。

在大多数情况下，保密性是最重要的部分。

在工业控制系统安全领域则有较大的不同。工业控制系统强调的是工业自动化程度及对相关设备的智能控制、监测与管理能力，更为关注系统的实时性与业务连续性。因此，在工业控制系统中需要首先保证系统设备的可用性和完整性。由于工业控制系统中传输的数据通常是控制指令和采集的原始数据，而且多是实时数据，需要放在特定的环境下分析才有意义，因此对保密性的要求最低。

50 工业控制系统的脆弱性有哪些？

工业控制系统中的脆弱性可划分为策略和程序脆弱性、平台脆弱性和网络脆弱性。美国国家标准与技术研究院发布的《工业控制系统安全指南》列出的工业控制系统主要脆弱性如表 8-1 所示。

表 8-1　工业控制系统主要脆弱性

脆弱性分类		描　述
策略和程序脆弱性		缺乏针对工业控制网络的特定安全策略
		无针对工业控制网络的培训和意识教育
		缺乏安全架构和设计
		没有针对安全策略形成安全工作流程
		缺乏安全审计
		缺乏工业控制网络的业务连续性计划或者灾难恢复计划
		缺少口令重复登录的次数限制和口令定期更换机制
		缺乏工业控制网络特定的变更管理
平台脆弱性	平台配置脆弱性	操作系统和软件供应商没有开发补丁程序
		操作系统及软件补丁没有及时安装
		操作系统及应用的软件补丁未经过测试
		使用系统默认配置
		关键配置文件没有存储或者备份
		移动设备数据缺乏保护
		缺乏适当的密码策略，未设置密码，密码丢失，使用弱密码
		缺乏访问控制策略
	平台硬件脆弱性	针对关键系统缺乏物理防护

（续表）

脆弱性分类		描　述
平台脆弱性	平台硬件脆弱性	设备变更时没有进行测试
		双网卡（NIC）连接网络存在网卡间访问漏洞
		未授权人员可以访问、接触物理设备
		有不安全的远程访问通道
		存在未记录的资产
		缺乏备用电源
		易受网络负载的影响，环境控制缺失
		缺乏无线电频率和电磁脉冲防护能力
		缺乏关键组件的冗余备份，可导致单点故障
	平台软件脆弱性	缓冲区溢出，容易被黑客利用发起攻击
		开启安装的安全设备，没有开启防护功能
		易遭遇拒绝服务攻击，导致合法用户不能访问或系统缓慢
		易遭遇针对 OPC 的 RPC/DCOM 攻击
		使用不安全的工业领域通信协议
		使用明文进行传输
		运行不必要的服务
		不恰当的针对配置和编程软件的访问控制
		未安装入侵检测/防御工具
		未留存日志
		未监控安全事件，不能及时发现
	恶意代码保护脆弱性	未安装恶意代码防护软件
		恶意代码防护软件更新不及时
		恶意代码软件部署前未测试
网络脆弱性	网络配置脆弱性	网络架构存在脆弱性
		未对数据流进行限制
		网络设备配置脆弱性
		网络设备配置未存储和备份
		敏感信息（如口令等）传输未加密
	网络硬件脆弱性	不恰当的物理保护和环境控制
		不安全的物理端口
		不必要的人员对网络设备和线缆的访问
		关键网络缺乏冗余
	网络边界脆弱性	未定义安全边界
		未部署防火墙或者配置不当

（续表）

脆弱性分类		描　述
网络脆弱性	网络边界脆弱性	控制网络内部存在其他不相关的流量
		控制网络依赖非控制网络的服务
	网络监控/日志脆弱性	不恰当的防火墙和路由器日志配置
		控制网络无监控
	无线网络脆弱性	无线客户端和接入点的认证措施不足
		无线客户端和接入点之间的数据传输保护措施不足
	通信脆弱性	通信缺乏完整性校验
		通信未进行用户和设备的认证
		采用公开明文协议
		关键监控和控制路径未识别

51 哪些攻击者会对工业控制系统发起攻击？

工业控制系统面临的威胁来源包括对抗性来源，如敌对政府、恐怖组织、工业间谍、心怀不满的员工、恶意入侵者等；自然威胁来源，如因为系统的复杂性、人为错误和意外事故、设备故障和自然灾害等造成的威胁。《工业控制系统安全指南》列出的部分针对工业控制系统的可能攻击者如表8-2所示。

表8-2　部分针对工业控制系统的可能攻击者

攻击者	描　述
炫技黑客	炫技黑客入侵网络，只为获得挑战的快感或获得在攻击社团中吹嘘的资本。虽然远程攻击需要一定的技能或计算机知识，但可以从互联网上下载攻击脚本和协议，从而向受害者发动攻击。攻击工具越来越高级且更容易使用。许多炫技黑客并不具备必要的专业知识便能对目标造成威胁。攻击者遍布全球，威胁较大，其造成的孤立的或短暂的网络中断可能引起严重损害
僵尸网络操纵者	僵尸网络操纵者入侵系统不是为了挑战或炫耀，而是将多个系统联合起来发动攻击，散布垃圾邮件和恶意软件。在黑市有时可以获得攻破系统和网络的服务，例如，购买一次拒绝服务攻击或使用发送垃圾邮件、钓鱼方式攻击服务器
犯罪团伙	犯罪团伙试图攻击系统以获取钱财。具体来说，有组织的犯罪团伙利用垃圾邮件、钓鱼方式、间谍软件/恶意软件进行身份盗窃和在线欺诈。国际企业间谍和有组织的犯罪团伙也通过自己的能力进行工业间谍活动和大规模的货币盗窃，并聘请或发展攻击人才，从而构成对国家的威胁。一些犯罪团伙可能用网络攻击威胁某个组织，从而试图勒索钱财

（续表）

攻击者	描　　述
外国情报部门	外国情报部门使用网络工具收集信息和进行间谍活动。其通过扰乱供电、通信和其他支持军事力量的经济基础设施，严重影响人们的日常生活
内部人员	心怀不满的内部人员是计算机犯罪的主要来源。内部人员可能并不需要大量的计算机入侵相关知识，他们对目标系统十分了解，往往能够不受限制地访问系统，从而对系统造成损害或窃取系统数据。内部威胁还包括外包供应商及员工意外地引入恶意软件。内部人员包括员工、承包商或商业合作伙伴等。 不恰当的策略、程序和测试也会对工业控制系统产生影响。
钓鱼攻击者	钓鱼攻击者是执行钓鱼计划的个人或团体，企图窃取他人身份或信息以获取金钱。钓鱼攻击者也可以使用垃圾邮件和间谍软件/恶意软件来实现其目标
垃圾邮件发送者	垃圾邮件发送者包括个人或组织，他们散布不请自来的电子邮件，包含隐藏的或虚假的产品销售信息，进行网络钓鱼计划，散布间谍软件/恶意软件，或进行有组织的攻击
间谍软件/恶意软件作者	具有恶意企图的个人或组织通过制作和散布间谍软件和恶意软件对用户进行攻击
恐怖分子	恐怖分子试图破坏、中断或利用关键基础设施来威胁国家安全，造成大量人员伤亡，削弱国家经济，并损害公众的士气和信心。恐怖分子可能使用网络钓鱼或间谍软件/恶意软件，以筹集资金或收集敏感信息。恐怖分子可能袭击一个目标，以从其他目标上转移视线或资源
工业间谍	工业间谍活动旨在通过秘密的方法获得知识产权和技术机密

52 入侵工业控制系统的途径有哪些？

现代工业控制系统体系结构如图 8-1 所示，从结构和网络架构上看，其与信息系统越来越相似。其所使用的计算机和网络设备都是通用的，接口的统一使用使得工业控制系统和信息系统实现了无缝对接。工业控制系统普遍存在直接接入互联网的情况包括：系统补丁下载、杀毒软件病毒库更新，或者通过工业控制系统网络进行如电子邮件收发等办公活动。工业控制系统已经不再保持其封闭、私有、隔离的特性，因此一些恶意入侵者可以通过网络侵入工业控制系统，实施破坏，部分入侵途径如下。

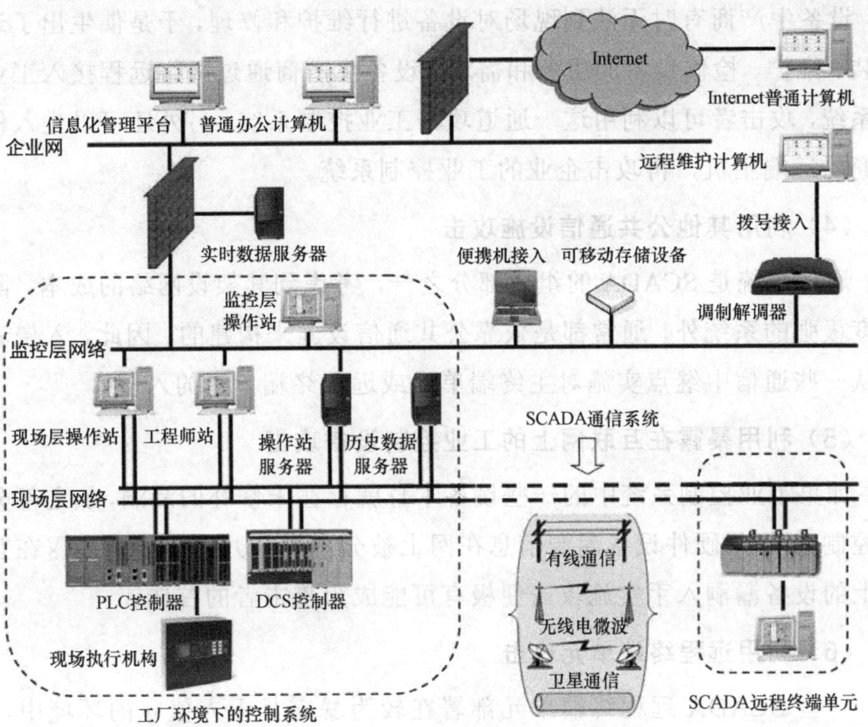

图 8-1 现代工业控制系统体系结构

（1）利用企业办公网攻击

随着信息系统和控制技术系统的不断融合，企业的办公网和生产网实现互通，且通常不做任何隔离防护，攻击者很容易通过互联网攻入企业办公网，再攻入生产网。即使做了一定的防护，如部署防火墙等，入侵者通过反弹、代理、欺骗等手段仍可以穿透防火墙，最终攻入生产系统。

（2）利用无线通信网络攻击

企业工业控制系统大量使用无线技术，允许距离较远的设备节点间以集中管理主机作为中继进行通信，无线网络通信的开放性也为入侵者提供了更多的入侵和信息窃取的机会。

（3）利用远程连接方式攻击

由于企业工业设备维护成本和设备生产商地理位置、人员等条件的限制，设备生产商有时无法到现场对设备进行维护和修理，于是催生出了远程安装、维护、检修设备的服务和需求。设备生产商通过网络远程接入工业控制系统，攻击者可以利用这一通道攻击工业控制系统。另外还可以先入侵生产商的远端主机，再攻击企业的工业控制系统。

（4）利用其他公共通信设施攻击

通信系统是 SCADA 的组成部分之一，考虑到其架设网络的成本，除敏感度极强的系统外，通常都是依靠公共通信设施来构建的。因此，入侵者可以从一些通信中继点实施对主终端单元或远程终端单元的入侵。

（5）利用暴露在互联网上的工业控制设备攻击

如果工业控制系统中的一些设备本身就存在未修补的漏洞，加之部分工业控制系统软/硬件设备漏洞信息在网上被分享和公开，那么从暴露在互联网上的设备漏洞入手实施攻击便极有可能成为攻击者的首选。

（6）利用远程终端单元攻击

一些 SCADA 远程终端单元部署在较为暴露且无人值守的环境中，很可能成为入侵者利用的工具和入侵的入口，入侵者可以直接切入现场层实施破坏。

（7）利用工业控制网络常用通信协议服务端口进行攻击

例如，利用 OPC 协议服务端口进行攻击。OPC 协议是为了工业控制系统应用程序之间的通信而建立的一个接口标准，在工业控制设备与控制软件之间建立统一的数据存取规范。因为其基于 DCOM 技术，在进行数据通信时，为了响应请求，操作系统会开放 1024 到 5000 的动态端口，所以使用普通商用防火墙无法阻拦针对这些端口的攻击。而使用 OPC 客户端可以轻易地对 OPC 服务器数据项进行读、写，一旦黑客对客户端计算机取得控制权，控制系统就面临很大风险，很可能影响企业的正常生产运营。

（8）利用笔记本电脑、U 盘等移动设备攻击

维护人员或操作人员会使用笔记本电脑、U 盘等接入工业设备进行操作，通过攻击这些移动设备，也可实现入侵工业控制系统。

（9）企业内部人员造成的破坏

企业内部人员，如工程师、管理人员、现场操作人员和企业高层管理人员等，其“有意识”或“无意识”的行为，可能破坏工业控制系统。

53 工业控制系统的常见攻击类型有哪些？

（1）利用漏洞入侵系统

系统漏洞指操作系统在逻辑设计上的缺陷或错误。不法者通过网络植入木马、病毒等方式来攻击或控制整台计算机，窃取计算机中的重要资料和信息，甚至破坏系统。与个人用户一样，企业用户也会受到系统漏洞攻击，由于企业局域网中机器众多，更新补丁费时费力，有时还需要中断业务，因此企业用户常无法及时更新补丁，使系统造成严重的威胁。

系统被入侵是系统常见的一种安全隐患。不法者通过漏洞入侵系统后，可以非法使用工业控制系统和网络资源，甚至完全掌控计算机和网络。控制计算机终端和网络往往可以控制或影响诸如化工装置、公用工程设备、核电站安全系统等大型工程化设备。不法者一旦控制该系统，修改系统参数，就可能导致生产运行的瘫痪。不法者可利用被感染的控制中心系统破坏生产过程、切断整个城市的供电系统、恶意污染饮用水，甚至破坏核电站的正常运行。

（2）发起拒绝服务攻击

拒绝服务攻击是一种危害极大的安全隐患，它可以人为操纵也可以由病毒自动执行。常见的流量型攻击有 Ping Flooding、UDP Flooding 等，常见的连接型攻击有 SYN Flooding、ACK Flooding 等。其通过消耗系统的资源，如网络带宽、连接数、CPU 处理能力、缓冲内存等，使得正常的服务功能失效。拒绝服务攻击难以防范，原因是它的攻击对象非常普遍，从服务器到各种网络设备（如路由器、防火墙等）都可以被拒绝服务攻击。工业互联网的服务器一旦遭受严重的拒绝服务攻击，轻则导致控制系统的通信中断，重则导致控制器死机等。目前这种现象已经在多家工业互联网系统中出现。

（3）使用专属工业控制恶意程序攻击

随着第一个专门针对工业控制系统的 Stuxnet 的出现，工业控制安全得到了全球安全工作者的关注。近年来又发现了 Duqu、Flame、Havex、Triton、Industroyer 等多个针对工业控制系统的病毒，并且攻击者的攻击技术更加专业、恶意代码的复杂性逐渐提高、攻击更加隐蔽。其中多数的病毒属于窃密型，长期潜伏于系统中，也有少数病毒对电力、核能等基础设施进行了物理攻击。

（4）信息系统的病毒攻击

在信息技术与传统工业融合的过程中，工业控制正面临越来越多的网络安全威胁，传统的信息系统病毒就是主要的威胁之一。

工业环境之前“带毒运行”是常态，但勒索病毒和挖矿病毒的出现，打破了这一情况。企业的生产网络一旦感染病毒，轻则消耗工业主机的硬件资源，降低工业生产效率；重则导致关键文件被勒索病毒锁死，造成产品线停产，从而给企业带来巨大的经济损失。如 2018 年 8 月的台积电安全事件，由于勒索病毒的爆发，使业务停滞，造成大量经济损失。因此，高价值、低保护的工业主机常成为网络犯罪集团的勒索攻击目标。

（5）针对工业系统的高级可持续威胁（APT）攻击

APT 攻击通常使用先进的攻击手段对特定目标进行长期持续性的网络攻击，这种攻击不会追求短期的收益或单纯的破坏，而是以步步为营的渗透入侵策略，低调隐蔽地攻击每个特定目标，不做其他多余的活动来打草惊蛇。APT 攻击多针对国家战略基础设施，其攻击目标包括政府、金融、能源、制药、化工、媒体和高科技企业等领域。APT 攻击综合多种先进的攻击手段，多方位地对重要目标的基础设施和部门进行持续性攻击，其攻击手段包含各种社会工程攻击方法，常利用重要目标内部人员作为跳板进行攻击，且攻击持续时间和潜伏时间可能长达数年，很难进行有效防范。

APT 攻击存在攻击持续性、信息收集广泛性、针对性、终端性、渗透性、潜伏控制性、隐蔽性与未知性，这些特性使得攻击者利用工业控制系统的漏洞进行有特定目标和多种方式组合的攻击，从而使传统的防御手段失效，带来更为严重的安全问题。一般来说，APT 攻击包含 5 个阶段，分别为情报收集、突破防线、建立据点、隐秘横向渗透和完成任务。

（6）电子邮件攻击

当前，由于各种业务需要，电子邮件的使用频率很高，而一旦打开的附件中含有病毒等恶意程序，则会导致计算机遭受攻击。

攻击者通过电子邮件作为诱饵，在电子邮件的附件中嵌入漏洞利用的文档，当受害者打开文档后，文档中嵌入的 shellcode 得以执行，就可实现对目标系统的控制。当受害者重启计算机后，通过操作系统的启动项加载 PE 文件，从而进行后续的渗透攻击。

（7）IP 欺骗

IP 欺骗是一种获取对计算机未经许可的访问技术，即攻击者通过伪 IP 地址向计算机发送信息，并显示该信息来自真实主机。

IP 欺骗的目的一般为伪造身份或者获取针对 IP/MAC 的特权。此方法也被广泛用于 DoS 攻击，以掩盖攻击系统的真实身份。例如，TCP SYNFlood 攻击来源于一个欺骗性的 IP 地址，它是利用 TCP 三次握手会话对服务器进行颠覆的又一种攻击方式。一个 IP 地址欺骗攻击者可以通过手动修改地址或者运行一个实时地址欺骗的程序来假冒一个合法地址。

使用 IP 欺骗实施的攻击包括以下几种。

Non-Blind Spoofing：当攻击者与其目标（可以“看到”数据包序列和确认信息）处在同一子网中时，容易发生这种攻击。攻击者可避开任何认证标准建立新的连接。使用的方法是：在本机，攻击者通过非法行为破坏目标对象已建立连接的数据流，再基于正确的序列号和确认号重新建立新的连接。

Blind Spoofing：当不能从外部获得序列号和确认号时，容易发生这种攻击。攻击者向目标机发送数据包，以对其序列号进行取样。这种方法在过去是可行的，但在现在，大多数操作系统采用随机序列号，这就使得攻击者很难准确预测目标序列号。而一旦序列号被破解，数据就很容易被发送到目标机。

Man in the Middle at Tack：又称为 Connection Hijacking 和中间人攻击。其具体含义是攻击者从中截取两台主机之间的合法通信信息，并在双方不知道的情况下，删除或更改由一方发送给另一方的信息内容。通过伪造原发送方或接收方的身份，攻击者达到其非法访问通信双方保密信息的目的。Connection Hijacking 为 TCP 通信开发了一种不同步状态，即当接收到的数据包序列号与所期望的序列号不一致时，这种连接称为不同步。TCP 层可能删除也可能缓冲数据包，这主要取决于接收到的序列号的实际值。当两台主机充分达到不同步状态时，它们将互相删除/忽略来自对方的数据包。这时，攻击者便趁机导入序列号正确的伪造数据包，其中的通信信息可能被修改或添加。该过程中，攻击者一直位于主机双方的通信路径上，使其可以复制双方发送的数据包。该种攻击关键在于建立不同步状态。需要注意的是，IP 欺骗技术不支持匿名因特网访问。

为防止网络中的 IP 欺骗行为，通常可采取以下措施：

① 避免使用源地址认证，采用加密认证系统；

② 将机器配置为拒绝由局部地址网络发送来的数据包；

③ 在边界路由器执行进、出过滤，并通过访问控制表阻止下游接口的私人 IP 地址。

54 工业控制系统遭受攻击后有哪些后果？

工业控制系统遭受攻击主要会导致设备异常、停产、数据泄露，甚至会造成设备损坏和人员伤亡。工业控制系统遭受攻击后的潜在后果如表 8-3 所示。

表 8-3　工业控制系统遭受攻击后的潜在后果

遭受攻击的设备/系统/人员	潜在后果
控制器	控制器处于故障状态 工厂陷入混乱或停工 过程退化、过程故障

（续表）

遭受攻击的设备/系统/人员	潜在后果
控制器	过程控制中断 过程图像中断 传感器数据损坏
工程师站	工厂陷入混乱或停工 工厂启动延迟 机械损坏或被蓄意破坏 操作员图形界面的未授权操作 过程操作的不当响应 工业控制系统数据库的未授权改动 临界状态、报警阈值的未授权改动 存在缺陷的固件的未授权分发 工业控制系统设备的未授权启动、关闭 过程、工厂信息泄露 工业控制系统设计或应用程序认证信息泄露 工业控制系统访问控制机制的未授权改动 对大多数工业控制系统资产的未授权访问（跳板攻击）
操作员站 （人机界面）	工厂陷入混乱或停工 对临界状态、报警阈值的抑制 产品质量（下降） 工厂效率、过程效率（下降） 认证信息泄露（控制） 工厂、运营信息泄露 对工业控制系统资产的未授权访问（跳板攻击）
	对工业控制系统资产的未授权访问（通信协议）
工业实时历史数据库	对过程或批处理记录的操纵 认证信息泄露（业务） 认证信息泄露（控制） 对其他业务资产的未授权访问，如 MES、ERP/等（跳板攻击） 对其他业务资产的未授权访问（跳板攻击）
应用服务器	工厂陷入混乱或停工 认证信息泄露（控制） 敏感、机密信息泄露 对其他业务资产的未授权访问（跳板攻击）
SCADA 服务器	工厂陷入混乱或停工 工厂启动延迟 机械损坏或被蓄意破坏

（续表）

遭受攻击的设备/系统/人员	潜在后果
SCADA 服务器	对操作员图形界面的未授权操作 对过程操作的不当响应 工业控制系统数据库的未授权改动 临界状态、报警阈值的未授权改动 工业控制系统设备的未授权启动、关闭 认证信息泄露（控制） 工厂、运营信息泄露 工业控制系统访问控制机制的未授权改动 对大多数工业控制系统资产的未授权访问（跳板攻击、直接访问） 对工业控制系统资产的未授权访问（通信协议） 业务资产的未授权访问（跳板攻击）
功能安全系统	工厂停工 装备损坏或被蓄意破坏 环境影响 人身伤亡 产品质量（下降） 公司声誉（受损）
环境控制	冷却或加热过程的中断 装备故障、关机
状态监视系统	装备损坏或使被蓄意破坏的工厂陷入混乱或停工 对其他工业控制系统资产的未授权访问（跳板攻击）
火灾探测和灭火系统	灭火剂的未授权释放 装备故障、关机
主站设备和（或）从站设备	工厂陷入混乱或停工 工厂启动延迟 机械损坏或被蓄意破坏 对控制操作的不当响应 对临界状态、报警阈值的抑制
分析仪或分析仪管理系统	产品质量（下降） 瑕疵、生产损失、收入损失 声誉（受损） 产品召回、产品可靠性（降低）
工业控制系统工程师	过程、工厂信息泄露 工业控制系统设计或应用程序认证信息泄露 对业务资产的未授权访问（跳板攻击） 对工业控制系统资产的未授权访问（跳板攻击）

（续表）

遭受攻击的设备/系统/人员	潜在后果
工业控制系统技术人员	工厂陷入混乱或停工 工厂启动延迟 机械损坏或被蓄意破坏 对操作员图形界面的未授权操作 对过程操作的不当响应 工业控制系统数据库的未授权改动 临界状态、报警阈值设置的未授权改动 存在缺陷的固件的未授权分发 工业控制系统设备的未授权启动、关闭 设计信息泄露 工业控制系统应用认证信息泄露 对大多数工业控制系统资产的未授权访问（跳板攻击）
工厂操作员	工厂陷入混乱或停工 机械损坏或被蓄意破坏 机械设备的未授权启动、关闭 过程、工厂信息泄露 认证信息泄露 对业务资产的未授权访问（跳板攻击） 对工业控制系统资产的未授权访问（通信协议）

55 影响工业控制系统安全的问题有哪些？

（1）可用性第一，使安全维护谨慎

工业控制系统将可用性放在首位，系统的稳定可靠运行是管理人员关注的重点。这使得对工业控制设备的管理维护非常谨慎，工作人员大多按照设备厂商的要求做已经验证的、必要的软/硬件升级，而防病毒软件、防火墙等网络安全设备的软/硬件升级几乎不予考虑。这就给病毒、恶意程序以可乘之机，它们可以轻松绕过形同虚设的防火墙和病毒库陈旧的杀毒软件，直接攻陷对工业控制系统至关重要的操作控制主机。

（2）设备安全防护存在设计缺陷

工业控制系统的生命周期普遍较长，现场存在很多老旧设备。这些老旧设备因为技术所限，或多或少都存在一定的设计缺陷。如在设计之初未考虑完整性、身份校验等安全需求，存在身份鉴别、访问控制不严格，配置维护不足，使用弱加密算法等安全隐患。在新的应用场景下，一些以前不太明显的缺陷会暴露出来。

（3）员工安全意识不够强

企业对员工的安全意识培养不够，例如，员工的个人笔记本电脑、U 盘可以随时接入控制网络，还可以随时从工作站复制资料等。这些操作无疑会给工业控制系统带来风险。

第 9 章

工业控制系统的暴露与漏洞

56 工业组件的暴露数量与分布情况如何？

工业控制系统在互联网上的暴露问题是工业互联网安全的一个基本问题。“暴露”是指可以通过互联网直接对某些与工业控制系统相关的工业控制系统组件，如工业控制设备、协议、软件、系统等，进行远程访问或查询。

根据 Positive Technologies 2019 年 4 月发布的研究数据显示：2018 年全球工业控制系统联网暴露组件总数量约为 22.4 万个，比 2017 年增长了 27%。从国家和地域分布来看，联网的工业控制系统组件主要集中在美洲和欧洲国家，这也是为什么工业互联网安全事件的发生多集中在欧洲和美洲等发达国家的主要原因。各国工业控制系统组件联网暴露数量及比例分布如图 9-1 所示。

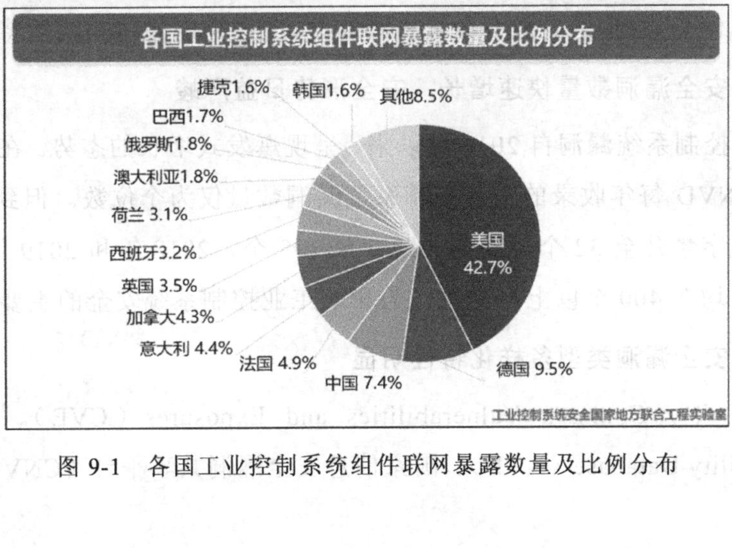

图 9-1 各国工业控制系统组件联网暴露数量及比例分布

在所有的工业控制系统组件中，工业控制设备的暴露是最为危险的。工业控制设备的暴露意味着攻击者有可能直接对设备本身发动攻击。

统计显示，2019 年，中国与全球的工业控制设备暴露数量基本处于稳定状态。暴露在互联网上的工业控制设备数量变化情况如图 9-2 所示。

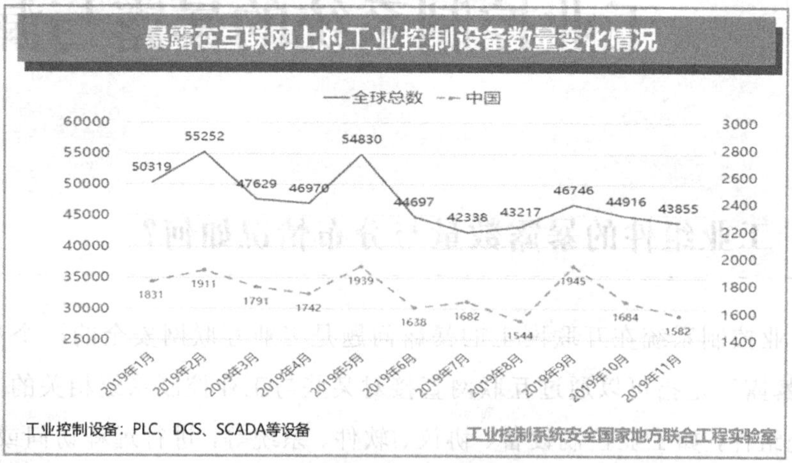

图 9-2　暴露在互联网上的工业控制设备数量变化情况

57 工业控制系统的漏洞有哪些特点？

与一般的信息系统不同，受到生产环境的约束，很多工业控制系统的安全漏洞即便已知，也未必能有条件进行修复。工业控制系统漏洞的特点如下。

（1）安全漏洞数量快速增长，安全形势日益严峻

工业控制系统漏洞自 2010 年以来，呈现爆发式增长的态势。在 2009 年以前，CNVD 每年收录的工业控制系统漏洞数量仅为个位数。但到了 2010 年，该数字攀升至 32 个，次年又跃升至 199 个，2018 年和 2019 年收录的漏洞数量均在 400 个以上，漏洞成为影响工业控制系统安全的主要因素。

（2）安全漏洞类型多样化特性明显

2019 年，Common Vulnerabilities and Exposures（CVE）、National Vulnerability Database（NVD）、国家信息安全漏洞共享平台（CNVD）及国

家信息安全漏洞库（CNNVD）四大漏洞平台收录的漏洞信息达 690 个，安全漏洞类型多样化特征明显，技术类型多达 30 种以上。其中，缓冲区溢出漏洞（105 个）、拒绝服务漏洞（90 个）和访问控制漏洞（75 个）最为常见。工业控制系统新增漏洞类型分布（Top10）如图 9-3 所示。

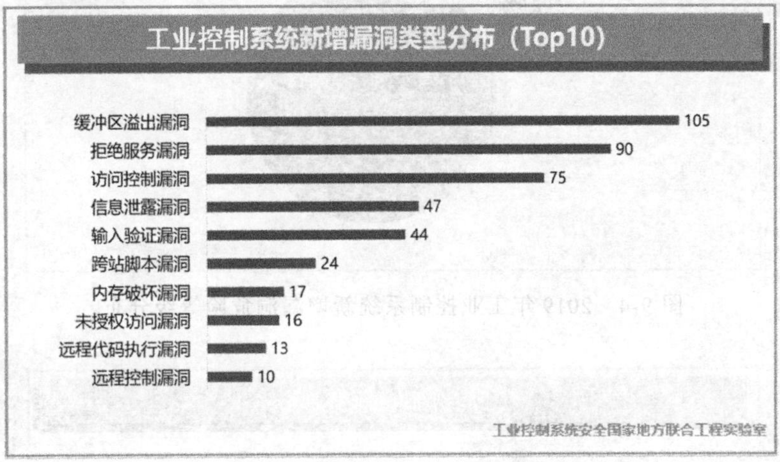

图 9-3　工业控制系统新增漏洞类型分布（Top10）

攻击者可以利用多样化的漏洞获取非法控制权、通过遍历的方式绕过验证机制、发送大量请求造成资源过载等安全事故。实际上，无论攻击者利用何种漏洞造成生产厂区的异常运行，均会影响工业控制系统组件的灵敏性和可靠性，造成严重的安全问题。

（3）高危漏洞占比较高

在 2019 年四大漏洞平台收录的工业控制系统漏洞中，高危漏洞占比为 57.3%，中危漏洞占比为 35.5%，低危漏洞占比为 2.9%。2019 年工业控制系统新增漏洞危险等级分布如图 9-4 所示。

（4）漏洞涉及行业广泛，以制造、能源行业为主

在 2019 年四大漏洞平台收录的工业控制系统漏洞中，漏洞多数分布在制造、能源、水务、商业设施、石化、医疗、交通、农业、信息技术、航空等关键基础设施行业。一个漏洞可能涉及多个行业。在 690 个漏洞中，有 566 个漏洞涉及制造行业，有 502 个漏洞涉及能源行业，因此应加强这两个行业的安全建设。工业控制新增漏洞行业分布如图 9-5 所示。

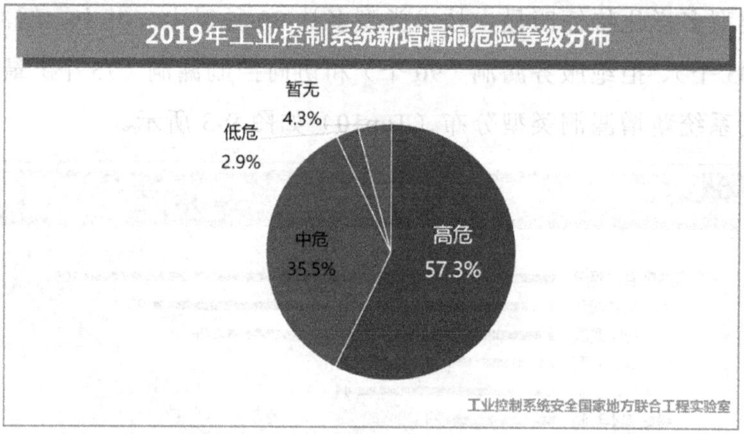

图 9-4　2019 年工业控制系统新增漏洞危险等级分布

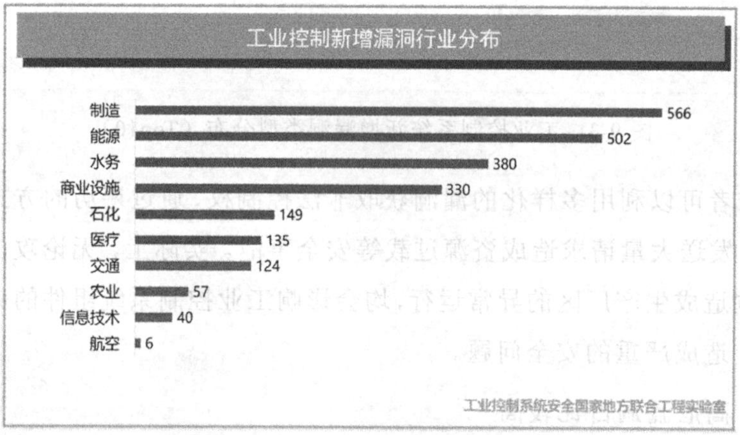

图 9-5　工业控制新增漏洞行业分布

58 工业控制系统有哪些常见漏洞类型及造成了什么样的危害?

（1）拒绝服务漏洞

拒绝服务漏洞指可以实现拒绝服务（Denial of Service，DoS）攻击的漏洞。DoS 攻击的目的是使计算机或网络无法提供正常的服务。最常见的 DoS 攻击是攻击者使用极大的通信量冲击网络，使得所有可用网络资源都被消耗殆尽，导致合法的用户请求无法通过。而利用拒绝服务漏洞进行攻击，攻击者往往不需要具有很高的攻击带宽，有时只需要发送 1 个数据包就可以达到攻击的目的。

例如，2018 年 3 月，思科 Talos 安全研究团队公开了 Rockwell（罗克韦尔自动化有限公司）的 Allen-Bradley MicroLogix 1400 系列 PLC 中存在的多项严重安全漏洞，其中以太网卡格式错误的数据包拒绝服务漏洞（CVE-2017-12088）允许攻击者发送特制数据包，使受影响的设备进入电源循环和故障状态，导致先前存储在设备中的梯形逻辑被删除。PLC 会话通信资源池拒绝服务漏洞（CVE-2017-12093）存在于受影响设备的会话连接功能中，利用这一漏洞攻击者可以在一段时间内发送多个"Register Session"数据包，以强制终止合法连接，并阻止对受影响设备建立额外的合法连接。

（2）缓冲区溢出漏洞

缓冲区溢出漏洞是一种非常普遍、非常危险的漏洞，在操作系统、应用软件中广泛存在。缓冲区溢出通俗地讲就是计算机对接收的输入数据没有进行有效的检测（理想的情况是程序检测数据长度并不允许输入超过缓冲区长度的字符），向缓冲区内填充数据时超过了缓冲区本身的容量，导致数据溢出到被分配空间之外的内存空间，使得溢出的数据覆盖了其他内存空间的数据。

利用缓冲区溢出漏洞进行攻击，可以导致程序运行失败、系统宕机、重新启动等后果。更为严重的是，可以利用它执行非授权指令，甚至可以取得系统特权，进而进行各种非法操作。

例如，2018 年 9 月，罗克韦尔自动化有限公司和 ICS-CERT 发布通报称，RSLinx Classic 软件存在高危漏洞，影响范围包括 RSLinx Classic 4.00.01 及之前版本，一旦被成功利用可能实现任意代码执行，甚至导致设备系统崩溃。其中，CVE-2018-14829 为基于栈的缓冲区溢出漏洞，攻击者可以通过发送含有恶意代码的数据包，实现主机中的任意代码执行、读取敏感信息或导致系统崩溃等；CVE-2018-14821 为基于堆的缓冲区溢出漏洞，攻击者可以通过发送含有恶意代码的数据包，导致应用程序终止运行。

（3）访问控制漏洞

访问控制指系统按用户身份及其所属的预先定义的策略组来限制用户使用某些数据资源，通常用于系统管理员控制用户对服务器、目录、文件等网络资源的访问。访问控制是网络安全防范和资源保护的关键策略之一，也是主体依据某些控制策略或权限对客体本身或其资源进行的不同授权访问。而访问控制漏洞，就是攻击者可以绕过安全限制，执行未授权的操作。

利用访问控制漏洞进行攻击，可以导致系统信息泄露、篡改、删除，甚至可以取得系统特权，进而进行各种非法操作。

例如，2017 年 9 月，西门子发布公告称发现高危访问控制漏洞 CVE-2017-12736，攻击者可借此远程入侵工业通信设备，包括 SCALANCE X 工业以太网交换机、罗杰康交换机、运行 ROS（Robot Operating System，机器人操作系统）的串口共享设备等。

（4）跨站脚本漏洞

跨站脚本漏洞通常存在于客户端和服务器端，是能够实现跨站脚本（通常简称为 XSS）攻击的漏洞。XSS 攻击的原理是客户端发送请求到服务器端，服务器在没有验证请求中的信息的情况下，就对请求进行了处理，从而导致原本正常的页面被嵌入了恶意 HTML 代码。之后当其他用户访问该页面时，恶意代码自动执行。利用跨站脚本漏洞可以进行广告拦截、窃取隐私、钓鱼欺骗、窃取密码、传播恶意代码等网络攻击。

例如，2018 年 12 月，安全公司 Applied Risk 发现瑞士工业技术公司 ABB 生产的部分 PLC 安全网关（该系列网关允许 ABB 的 PLC 与其他控制系统通信）中存在两个高危漏洞。其中的跨站脚本漏洞允许攻击者通过管理 HTTP 和 Telnet 接口，注入恶意代码，当合法管理员访问设备的 Web 门户时，恶意程序将被执行。

（5）信息泄露漏洞

攻击者利用信息泄露漏洞可以轻松获取计算机、服务器等设备的用户名、密码、存储数据等敏感信息。

例如，2018 年 7 月，发现多款 Echelon 产品中存在信息泄露漏洞。该漏洞源于程序以明文的形式传递敏感信息。攻击者可利用该漏洞用恶意的固件二进制文件和模块替换原有的文件和模块，并在系统上执行代码。

（6）远程控制漏洞

远程控制指管理人员利用无线信号或电信号对远端的设备进行操作。远程控制漏洞指通过漏洞，实现非授权人员对计算机、设备的控制。

例如，PLC LE5109L 存在远程控制漏洞 CNVD-2018-17465。攻击者可通过发送构造的符合私有协议的数据包，利用该漏洞使 PLC 所有输出点位全部熄灭。Siemens 300/400 系列 PLC 存在远程控制漏洞 CNVD-2017-26804。攻击者可以通过 Siemens PLC 的 102 端口进行 TCP 通信，该脚本通过向 PLC 的 102 端口发送特定的报文可实现远程控制 PLC 的启停。

（7）远程代码执行漏洞

用户通过浏览器提交执行命令，由于服务器端没有针对执行函数做过滤，导致在没有指定绝对路径的情况下就执行命令，因此攻击者可通过改变$PATH 环境变量或程序执行环境的其他方面来执行一个恶意构造的代码。远程代码执行漏洞会导致攻击者在目标系统执行任意命令，属于高危漏洞。

例如，2019 年 5 月，微软公布了一个 RDP 远程代码执行漏洞 CVE-2019-0708。该漏洞在不需要身份认证的情况下即可远程触发。攻击者可在目标系统执行任意代码，可安装应用程序，查看、更改或删除数据，创建完全访问权限的新账户等，危害与影响面极大。工业主机系统的版本相对老旧，本次漏洞影响的版本（Windows 7/Server 2008/Server 2003/XP）在工业环境广泛存在。由于连续生产的特点，工业主机很少甚至完全不升级补丁，因此本次漏洞使大量工业主机暴露在危险之中。无论是工业企业对外服务的网站、联网的 Web 形态的 SCADA，还是由于远程维护需要而必须联网的工业控制系统、智能设备，都会面临漏洞威胁。

（8）路径遍历漏洞

路径遍历漏洞是由于服务器软件或者应用程序对用户输入文件名称的安全性验证不足而导致的一种安全漏洞，使得攻击者通过 HTTP 请求和利用一些特殊字符就可以绕过服务器的访问限制，访问任意受限的其他文件，甚至执行系统命令。利用这一漏洞，攻击者可以浏览任意的文件，造成信息泄露，或者执行恶意代码，使得整个系统崩溃。

例如，2017 年 2 月，一款基于 Web 的 SCADA 的 Honeywell XL Web II 控制器被爆出发现多个高危漏洞，攻击者利用路径遍历漏洞 CEV-2017- 5143 访问特定 URL，实现路径遍历攻击。

（9）未授权访问漏洞

未授权访问漏洞是指由于需要安全配置或权限认证的地址、授权页面等存在一定的缺陷，导致其他用户可以直接访问，从而引发重要权限可被操作，数据库、网站目录等敏感信息泄露的一种安全漏洞。

例如，德国菲尼克斯电气集团的一款管理型以太网交换机 FL SWITCH 存在未授权访问漏洞 CVE-2017-16743。远程未经身份验证的攻击者可通过构造特殊的 HTTP 请求，绕过网络服务身份验证，从而获得设备的管理权限。ABB 公司的一套楼宇管理系统 ABB IP GATEWAY 存在未授权访问漏洞 CVE-2017-7933，该漏洞源于一些配置文件含有明文形式的密码。攻击者可利用该漏洞获取未授权的访问权限。

（10）SQL 注入漏洞

SQL 注入漏洞是网站中存在最多也是最简单的漏洞，主要原因是程序员在开发用户和数据库交互的系统时没有对用户输入的字符串进行过滤、转义、限制或处理不严谨，导致用户可以通过输入精心构造的字符串去非法获取数据库中的数据。

SQL 注入漏洞攻击是注入攻击中的一种。它将 SQL 命令注入数据层输入，从而影响执行预定义的 SQL 命令。由于用户的输入也是 SQL 语句的一部分，因此攻击者利用这部分可以控制的内容，注入自己定义的语句，改变

SQL 语句执行逻辑，让数据库执行任意所需要的指令。通过控制部分 SQL 语句，攻击者可以查询数据库中任何自己需要的数据，利用数据库的一些特性，可以直接获取数据库服务器的系统权限。

一个成功的 SQL 注入漏洞攻击可以从数据库中获取敏感数据、修改数据库数据（插入/更新/删除）、执行数据库管理操作（如关闭数据库管理系统）、恢复存在于数据库文件系统中的指定文件内容，在某些情况下能对操作系统发布命令。

研华公司的产品中曾存在 SQL 注入漏洞 CVE-2017-16716，远程攻击者可利用该漏洞泄露主机的敏感信息。摩莎公司开发的一套用于工业自动化系统的数据远程监控调试软件 Moxa SoftCMS Live Viewer 的 1.6 及之前的版本中存在 SQL 注入漏洞 CVE-2017-12729，远程攻击者可利用该漏洞访问 SoftCMS Live Viewer。

59 哪些工业控制组件漏洞多?

截至 2018 年 9 月，工业控制系统相关漏洞中，PLC 相关漏洞数量占比达到 37.8%，SCADA/HMI 相关漏洞数量占比为 31.3%。工业控制系统组件漏洞占比如图 9-6 所示。

软件中的安全问题通常是由第三方导致的。由于第三方软件的广泛使用，一旦出现漏洞就会影响大量工业产品。例如，西门子楼宇科技产品和西门子 SIMATIC WinCC 系统由于集成了包含漏洞的 SentinelLDKRTElicense 管理器而易受攻击。

另外，工程师和操作员使用 Android 或 iOS 系统的智能手机、平板电脑访问工业控制系统的各种工业 APP 也可能存在漏洞。通过入侵移动 APP 也可导致整个工业控制系统面临被入侵的风险。

同时工业计算机和服务器中的漏洞和工业网络安全产品中的漏洞也不容忽视。如芯片中的熔断（Meltdown）、幽灵（Spectre）、新一代幽灵（Spectre-NG）漏洞和可信平台模块（TPM）中的 RCE 漏洞都可能影响大量的工业控制系统。

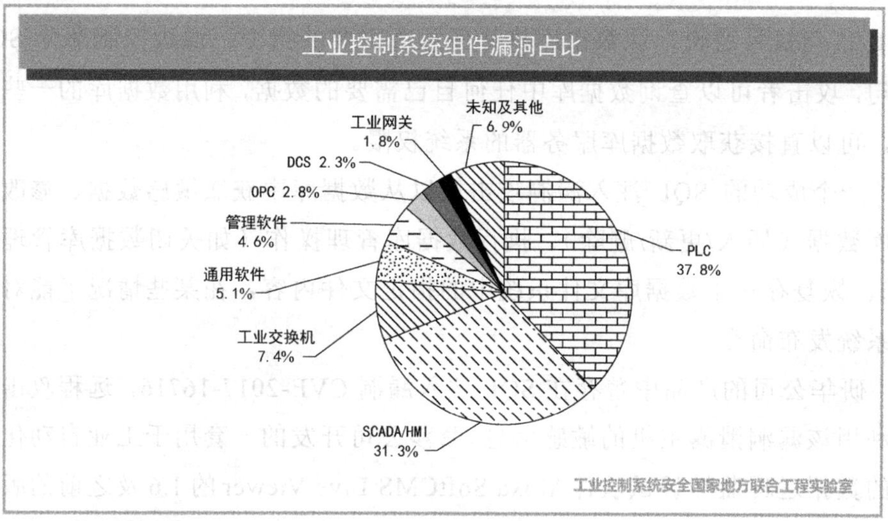

图 9-6 工业控制系统组件漏洞占比

60 目前有利用工业控制漏洞攻击的真实案例吗?

漏洞的种类很多，产生漏洞的原因和环节也很多。除了系统应用程序会存在漏洞，人员管理同样存在多种漏洞隐患。攻击者使用漏洞的主要目的是在目标系统进行未授权操作。漏洞按照发布时间可以分为 1day 漏洞（因补丁程序发布而刚刚被公开的漏洞）或 Nday 漏洞（补丁程序或修复方案已经发布很久的漏洞）及 0day 漏洞（尚无补丁程序的漏洞）。攻击者从攻击成本的角度来看，多使用 1day 和 Nday 漏洞，理论上说其是可以及时防御的。但工业控制系统相比信息系统在修复时间、效率方面较低，因此给攻击者留出了更长的时间来攻击。利用 0day 漏洞进行攻击几乎无法防御。

如震网病毒，就利用了微软系统 0day 漏洞进行内网传播，利用西门子 WinCC Step7 软件漏洞实现通信劫持，进而对伊朗核设施中的离心机设备的 PLC 进行攻击。2017 年发现的 Trisis 病毒利用了施耐德电气的 Triconex 安全仪表系统控制器中的 0day 漏洞，对沙特阿拉伯一家石油天然气工厂发起了网络攻击，最终导致工厂停运。

第 10 章

工业控制网络常用通信协议

工业控制网络的通信协议在设计之初大多由工业控制厂商来设计开发专有的通信协议，后期随着通信协议的广泛应用、互联互通互操作的需求，众多标准化组织（如 IEC、ISO、ANSI 等）、工业组织、企业联盟开始致力于通信协议的标准化工作。目前使用的典型通信协议包括：TCP\IP、Modbus、CANBUS、PROFIBUS、OPC、DNP3.0、Ethernet、EtherCAT 等。下面对这些通信协议进行简单介绍。

61 什么是 Ethernet 协议？

Ethernet 协议是由 Xerox 公司创建并由 Xerox、Intel 和 DEC 公司联合开发的基带局域网规范，是局域网的一种通用的通信协议，符合 IEEE 802.3 标准。该标准包括以太网、快速以太网和 10GB 以太网。

许多工业控制网络本身就是一个局域网，而且以太网技术稳定成熟，使其可以应用到工业控制网络中，因此成为工业控制网络的主流通信协议之一。

Ethernet 协议的安全性介绍如下。

工业控制系统中的以太网符合工业领域对实时性、可靠性、安全性和数据完整性等方面的高要求。在工业控制领域，企业网络可分为处于管理层的通用以太网和处于监控层的工业以太网。管理层的通用以太网可以与控制层的工业以太网采用相同的协议，方便数据交换。

工业以太网中对不同类型的信息给予不同的优先级，为紧要任务提供最高等级的性能保证，同时也要为非紧要任务提供一定限度的保障。例如，传输报警信息就给予高优先级，因为及时报警比许多业务数据的及时送达更重要。

工业以太网具有连接开放互联网的优势，方便提供远程监视、控制、调试、诊断等业务，增加控制设备的分布性、灵活性，打破了时空的限制。但这种远程服务需要有网络安全保护，必须保证控制指令的合法性和可审查性，同时还要保护业务数据的机密性，避免关键业务参数等数据被攻击者获取。以太网本身并不提供网络安全保护服务，因此需要外加这种服务，以保障工业以太网的安全性，同时还必须符合工业以太网的实时性要求。

对工业以太网的安全防护手段通常是在网络边界使用工业防火墙，使得管理层网络和控制层网络进行连接的同时，也提供可靠的网络安全服务。特别是当工业以太网与互联网连接，形成工业互联网时，简单的工业防火墙已经不能满足安全防护的要求，需要使用网络安全纵深防御措施，包括对边界、内部网络、数据格式、行为特征等方面的分析，甚至需要使用一定的人工智能方法。

对工业以太网实施安全保护时，不能直接搬用传统的网络安全技术，如需要限制安全防护服务对通信带宽的占用，否则可能影响工业以太网对业务数据的响应速度。

62 什么是 TCP/IP 协议？

TCP/IP 协议实际是一组通信协议栈，由若干不同的协议组成。TCP/IP 协议并不是为工业控制系统设计的，而是为互联网设计的。随着工业控制系统的网络化发展，控制网络与信息网络之间的连接越来越开放，所交互的数据量也不断增大，因此在许多工业控制网络中大量使用 TCP/IP 协议，主要用于信息管理系统的需要。为了简化网络结构，一些工业控制网络直接连接 TCP/IP 网络，甚至让工业控制设备直接暴露在互联网上，如果没有可靠的安全防护措施，这些设备就很容易遭受网络攻击。

TCP/IP 协议的安全性介绍如下。

TCP/IP 协议是互联网使用的一种成熟技术。由于互联网在发展过程中注意到信息安全保护的重要性，因此在原有 TCP/IP 协议的基础上，人们逐步设计了安全子协议。如 SSL（Secure Sockets Layer，安全套接层）及其继任者 TLS（Transport Layer Security，传输层安全），都是在 TCP 层的安全协议，形成一个安全子层。IPSec（Internet Protocol Security，互联网安全协议）是为 IP 层设计的一个安全子协议，具有两种使用模式，即隧道模式（Tunneling Mode）和传送模式（Transport Mode）。

TCP/IP 协议主要应用于互联网连接，在工业互联网中主要应用于生产管理层以上，具有比较成熟的多种安全子协议，但不适合工业互联网底层数据和控制指令的传输。

63 什么是 Modbus 协议?

Modbus 是由 Modicon（现为施耐德电气公司的一个品牌）在 1979 年发明的一种工业控制总线协议，是全球第一个真正用于工业现场的总线协议。Modbus 以其简单、健壮、开放而且不需要特许授权的特点，成为通用通信协议。为了适应以太网环境，Modbus 被封装在 TCP 包中，并且在默认情况下通过 TCP 协议的 502 端口进行传输。

基于 Modbus 协议的系统由带智能终端的可编程逻辑控制器和计算机通过公用线路或局部专用线路连接而成。其系统结构既包括硬件，又包括软件。可应用于各种数据采集和过程监控。

Modbus 协议采用主-从结构，为客户机和服务器之间提供通信连接。

Modbus 协议定义了一个与基础通信无关的协议数据单元（Protocol Description Unit，PDU），描述协议的基本功能。PDU 属于应用数据单元（Application Data Unit，ADU）的一部分，除此之外，ADU 还包括附加地址域和差错校验域及实际传输的数据，这个数据可能是业务数据，也可能是指令、响应信息或报警信息等。

Modbus 协议包括 ASCII、RTU、TCP 三种报文类型，可以使用串口传输数据和指令。

Modbus 协议的安全性介绍如下。

Modbus 协议在传输数据时以明文方式传输，不进行任何安全处理。因此，Modbus 协议存在明显的安全缺陷。攻击者一旦进入 Modbus 线路获得数据包，就可以伪造、篡改数据包，还可以恶意篡改功能码。

由于 Modbus 没有安全认证功能，因此攻击者只要找到一个工业控制设备的合法地址，就可以随意建立一个 Modbus 通信会话，从而造成控制混乱。由于 Modbus 没有数据加密功能，因此攻击者可以观察到系统之间的控制关系和控制过程。由于 Modbus 缺乏授权和入侵访问安全功能，因此任何用户都有权执行任意功能，为攻击者提供了方便，同时也加大了内部误操作和内部攻击造成的危害。另外，攻击者对功能码的非法篡改和利用可导致拒绝服务攻击等问题。Modbus 协议的标准代码还存在缓冲区溢出漏洞，一旦被攻击者利用，可导致入侵，带来严重的后果。运行在 TCP/IP 之上的 Modbus 协议还会继承由 TCP/IP 协议的安全缺陷带来的安全风险。

64 什么是 PROFIBUS 协议？

PROFIBUS 是过程现场总线（Process Field Bus）的缩写，于 1989 年正式成为现场总线的国际标准。PROFIBUS 是一种国际化、开放式、不依赖于设备生产商的现场总线标准，广泛适用于制造业自动化、流程工业自动化，以及楼宇、交通、电力等领域的自动化。其可实现现场设备层到车间级监控的分散式数字控制和现场通信网络，从而为实现工厂综合自动化和现场设备智能化提供了可行的解决方案。

PROFIBUS 协议的结构是根据 ISO 7498 国际标准制定的。PROFIBUS 协议共 7 层，依次为物理层、数据链路层、网络层、传输层、会话层、表达层和应用层。事实上第 3 层的网络层至第 6 层的表达层在 PROFIBUS 协议中没有具体应用，但是这些逻辑层的主要功能都集成在底层接口中。

PROFIBUS 协议由 3 个兼容部分组成，分别是 PROFIBUS-DP（分布式外围设备）、PROFIBUS-PA（过程自动化）和 PROFIBUS-FMS（现场总线报文规范）。

PROFIBUS-DP 定义了第 1 层、第 2 层和用户接口。第 3 层到第 7 层未做描述。用户接口规定了用户、系统及不同设备可调用的应用功能，并详细说明了各种不同 PROFIBUS-DP 设备的设备行为。

PROFIBUS-FMS 定义了第 1 层、第 2 层、第 7 层。

PROFIBUS-PA 的数据传输采用扩展的 PROFIBUS-DP。根据 IEC1158-2 标准，PROFIBUS-PA 的传输技术可确保其本征安全性，而且可通过总线给现场设备供电。使用连接器可在 PROFIBUS-DP 上扩展 PROFIBUS-PA 网络。

PROFIBUS 协议的安全性介绍如下。

PROFIBUS 协议的故障安全问题一般在第 2 层采用常规手段加以解决，这使得广泛应用于制造业和过程工业自动化的 PROFIBUS 协议受到很大限制。1998 年，德国 PROFIBUS 用户组织以故障安全技术的应用为目标，专门成立一个工作组制定整体开放的解决方案，其基础是 PROFIBUS-DP，所依据的主要标准是 IEC61508、欧洲标准 EN954 及 EN50519 等。1999 年，德国 PROFIBUS 用户组织在德国汉诺威博览会上公布了在 PROFIBUS 上实现主站-从站之间故障安全通信技术规范，定义为 PROFIsafe。PROFIsafe 后来得到不断发展，但其本质目标是减小系统故障带来的可靠性问题。事实上，PROFIBUS 协议基本没有考虑网络安全防护手段，因此对入侵者的攻击不具有防护能力。

65 什么是 CANBUS 协议？

CANBUS 是制造厂中连接现场设备（传感器、执行器、控制器等）、面向广播的一种串行总线系统，最初由美国通用汽车公司开发用于汽车工业，后来被逐渐应用到制造自动化行业中。

CANBUS 协议是控制域网络的一种总线协议。其通过相应的 CAN 接口连接工业控制设备，构成低成本网络。

CANBUS 协议在数据链路层采用对等式通信方式，这样即使主机出现故障，系统其余部分仍可运行。当一个站点状态改变时，其可通过广播发送信息到所有站点。

CANBUS 协议的报文帧有 4 种类型：数据帧、远程帧、出错帧和超载帧。在报文帧的控制域给出数据长度，可以降低报文出错率。CANBUS 还提供很强的错误处理能力，可区分位错误、填充错误、CRC 错误、形式错误和应答错误等。

CANBUS 协议的安全性介绍如下。

CANBUS 协议在消息可靠性传输方面也给予了充分考虑，其中的出错帧就是一种很好的机制。但是在入侵者的人为破坏和假冒方面，CANBUS 协议没有应对能力，其对消息的完整性校验使用的 CRC 校验码在攻击者面前不具有安全防护能力。

66 什么是 OPC 协议？

OPC 是 OLE for Process Control 的缩写，是一个用于过程控制的工业标准协议。OPC 协议以微软的 OLE（Object Linking and Embedding，对象连接与嵌入）技术为基础，它的制定是通过提供一套标准的 OLE/COM 接口完成的。在 OPC 技术中使用 OLE2 技术，OLE 允许多台微机之间交换文档、图形等对象。OPC 协议包括一整套接口、属性和方法的标准集。OPC 协议被广泛应用于过程控制系统，为不同供应商的设备和软件之间提供互操作。

OPC 协议的安全性介绍如下。

新版本的 OPC 协议（OPC UA）在其设计中已经包括了安全性需求，但 OPC Classic 协议（如 OPC DA、OPC HAD 和 OPC A&E）基于微软 DCOM 协议，而 DCOM 协议是在网络安全问题被广泛认识之前设计的，因此 OPC Classic 协议不具有网络安全保护功能。

建立 OPC 协议连接需要以下两步：

① 客户端通过 135 端口查询服务器以获取通信所需的 TCP 端口号；

② 客户端使用步骤①获取到的端口号连接服务器，访问目标数据。

步骤①中数据对象请求使用的端口号是标准化的，但步骤②的实际数据连接所使用的端口号是由 OPC 服务器随机动态分配的，因此没有办法提前知道服务器返回给客户端的端口号是什么。由于服务器可以分配的端口号范围很广，因此传统的防火墙在保护 OPC 服务器时，不得不允许 OPC 客户端和 OPC 服务器之间进行大范围端口号的 TCP 连接。在这种情况下，防火墙提供的安全保障将被降至最低。而且目前绝大多数的 OPC 服务器还没有防火墙的保护，很容易遭受黑客入侵和恶意软件的攻击。

67 什么是 DNP3.0 协议？

DNP 协议是一种应用于自动化组件之间的通信协议，包括数据链路层、传输层、应用层和数据的协议规范，常见于电力、水处理等行业。SCADA 可以使用 DNP 协议与主站、RTU 及 IED 进行通信。DNP3.0 是该协议的一个比较成熟的版本。

DNP 协议由 IEEE 提出，参考了 IEC 870-5 及其他一些 IEC 协议，主要是为了解决 SCADA 中协议混杂、没有公认标准的问题。

DNP3.0 协议在链路层的通信控制字节包含数据帧的传输方向（DIR）、帧类型和数据流控制信息等。通过数据帧的传输方向可以判断当前报文是从主站到从站的，还是从从站到主站的。当 DIR=1 时，当前报文是从主站到从站的报文；当 DIR=0 时，当前报文是从从站到主站的报文。

DNP3.0 协议的安全性介绍如下。

由于 DNP3.0 协议对主站和从站的判断方法非常简单，因此相对于其他协议更容易受到假冒攻击。执行假冒攻击时，入侵者直接或间接接入被攻击的工业控制网络中，拦截总线上的正常报文，获取当前总线上的设备地址，如可以根据 DNP3.0 协议响应结果发现 DNP3.0 协议的从属地址。然后模拟系统的主站或从站，向系统内的某个合法设备发送伪造的报文，使整个工业控制系统工作异常。假冒攻击可以分为假冒主站攻击和假冒从站攻击。

在假冒主站攻击时，入侵者在获得攻击对象的地址等关键信息后，模仿主站向被攻击从站发送非正常控制指令。入侵者先监听正常报文，得知某关键从站地址为 0x10，则产生一个控制报文，将目的地址设为 0x10，应用层的功能码设为 0x15，该命令可使从站停止发送非请求报文，防止该从站向合法主站发送异常报警信息；然后入侵者再产生第 2 个报文，目的地址仍为 0x10，应用层的功能码设为 0x12，该命令可使从站的应用程序停止工作，而主站并不会收到从站发来的异常报文。

在假冒从站攻击时，入侵者在获得某个关键从站的工作特性后，模仿从站对主站的请求报文做出虚假响应，使主站对当前系统状态做出错误判断。如入侵者接入总线后获取报文，得知某从站返回的数值稳定在 100 左右之后，先假冒主站使从站的应用停止工作，然后当主站发出功能码为 0x01 的报文读取从站数据时，入侵者假冒从站发送数值为 75 的响应，或发送数值为 125 的响应，主站就会发出增大数值或减小数值的命令。主站对数值的命令在实际现场环境中直接决定加工原料的进入量或设备转速，这种错误的指令容易造成原料外泄、产生废品或设备遭到破坏等重大安全事故。

68 什么是 EtherCAT 协议？

EtherCAT 协议是以以太网为基础的开放架构的现场总线系统，是一个 IEC 规范。EtherCAT 名称中的 CAT 为 Control Automation Technology（控制自动化技术）首字母的缩写。最初由德国倍福自动化有限公司研发。EtherCAT 协议为系统的实时性和拓扑的灵活性建立了新的标准，同时它也符合现场总线的技术要求，甚至降低了现场总线的使用成本。EtherCAT 协议的特点还包括高精度设备同步、可选线缆冗余和功能性安全协议。

EtherCAT 协议不仅与以太网完全兼容，而且还有设计开放性特点。该协议可与其他提供各种服务的以太网协议并存，并且所有的协议都并存于同一物理介质中，对整个网络性能的影响不大。

EtherCAT协议针对过程数据进行了优化，被直接传送到以太网帧，或被压缩到UDP/IP数据报文中。

EtherCAT协议的安全性介绍如下。

EtherCAT协议的安全技术使用了一种称为“Functional Safety over EtherCAT”的功能安全协议，习惯上记为FSoE。这种功能安全协议是基于IEC-61508开发的。该协议可支持安全设备的安全完整性等级（SIL3）的安全应用场景。

在FSoE协议中，安全数据帧可被视为一个“安全容器”，其中包含了关键过程数据及一些用于保证数据安全性的额外信息。该“安全容器”作为过程数据通信的一部分被传输，而且数据的安全与否并不取决于基础通信技术，也不仅限于EtherCAT。“安全容器”可通过现场总线系统、以太网或其他类似技术传输。

第 11 章 工业大数据

69 什么是工业大数据？

工业互联网产业联盟在发布的《工业互联网体系架构（版本 1.0）》中指出，工业大数据是工业领域信息化应用中所产生的数据，其基于网络互联和大数据技术，贯穿于工业的设计、工艺、生产、管理、服务等各个环节，使工业系统具备描述、诊断、预测、决策、控制等智能化功能。

工业大数据在类型上主要分为现场设备数据、生产管理数据和外部数据。现场设备数据是来源于工业生产线设备、机器、产品等方面的数据，多由传感器、设备仪器仪表、工业控制系统采集产生，包括设备的运行数据、生产环境数据等；生产管理数据指传统信息管理系统中产生的数据，如 SCM、CRM、ERP、MES 等；外部数据指来源于工厂外部的数据，主要包括来自互联网的市场、环境、客户、政府、供应链等外部环境的信息和数据。

70 工业大数据有哪些特点？

一般意义上，大数据具有数据量大、数据种类多、商业价值高等特点，在此基础上，工业大数据还有另外两大特点。

一是准确率高。大数据一般的应用场景是预测，在一般性商业领域，预测准确率如果达到 90%就已经算是很高了，但在工业领域的很多应用场景中，对准确率的要求高达 99.9%，甚至更高，如轨道交通自动控制领域就对准确率有相当严格的要求。

二是实时性强。工业大数据重要的应用场景是实时监测、实时预警、实时控制的。一旦数据的采集、传输和应用等全处理流程耗时过长，就难以在生产过程中发挥价值。

71 工业大数据的应用方向是什么？

工业大数据在企业中的应用主要体现在以下三方面。

一是基于数据的产品价值挖掘。通过对产品及相关数据进行二次挖掘，创造新价值。

二是提升服务型生产。提升服务型生产就是利用工业大数据增加服务在生产（产品）中的价值比重。主要体现在两个方向：一是前向延伸，如在售前阶段，以让用户参与产品设计或个性化定制产品的方式，吸引、引导和锁定用户，再利用收集到的数据进行产品生产或研发；二是后向延伸，通过销售产品建立客户和厂家的互动，产生持续性价值，如通过收集用户反馈、评价等数据来完善、创新产品或服务。

三是创新商业模式。主要体现在两个方面：一是基于工业大数据，明确工业企业对外能提供什么样的创新性商业服务；二是在工业大数据背景下，明确工业企业能接受什么样的新型商业服务。最优的情况是，通过提供创新性商业模式获得更多的客户，发掘更多的蓝海市场，获取更多的利润；同时通过接受创新性的工业服务，降低生产成本、经营风险。

72 工业大数据维度的发展趋势是什么？

随着行业发展，工业企业收集的数据维度不断扩大，主要体现在以下三方面。

一是时间维度不断延长。经过多年的生产经营，将不断积累历年的产品数据、工业数据、原材料数据和生产设备数据等。

二是数据范围不断扩大。随着企业信息化建设的发展，一方面企业积累了财务、供应商数据，也通过 CRM 系统积累了客户数据，通过 CAD 等积累了研发过程数据，通过各类传感器积累了生产安全数据等；另一方面越来越多的外部数据也被收集回来，包括市场数据、社交网络数据、企业舆情数据等。

三是数据粒度不断细化。从一款产品到多款、多系列产品的开发，使得产品数据不断细化，从单机机床到联网机床，数据交互频率大大增强；加工精度从 1mm 提升到 0.2mm，监测从每隔 5 分钟到每隔 5 秒钟，使采集到的数据的精细度不断提升。

以上三个维度使企业积累的数据量快速增长，构成了工业大数据的集合。

73 工业大数据面临哪些安全挑战？

大数据时代工业大数据安全主要面临以下挑战。

① 外部非授权人员对信息系统进行恶意入侵，非法访问隐私数据。

② 数据具有易复制性，发生数据安全事件后，无法进行有效的追溯和审计。

③ 大数据有流动、共享的需求，大量数据的汇聚传输加大了数据泄露的风险。

保护工业大数据安全需要搭建统一的数据安全管理体系，通过分层建设、分级防护，达到平台能力及应用的可成长、可扩充，创造面向数据的安全管理体系框架。平台架构自下而上可以分为：数据分析层、敏感数据隔离交互层、数据防泄露层、数据脱敏层和数据加固层。

第 12 章

工业互联网防护常用模型

74 什么是工业互联网安全自适应防护模型?

为帮助工业互联网用户应对工业互联网所面临的各种挑战，以下给出一种工业互联网安全自适应防护模型。该模型由 6 个步骤组成，分别为信息感知、数据汇集、转化分析、网络融合、认知预测、响应/决策，简称为 PC4R 模型，如图 12-1 所示。

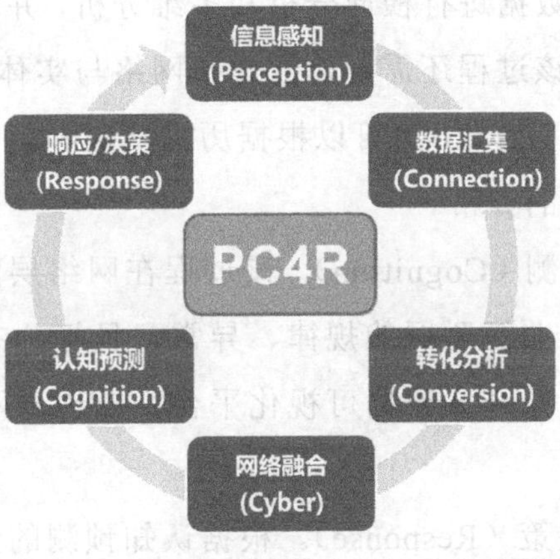

图 12-1　工业互联网安全自适应防护模型

第 1 步是信息感知（Perception）。需要实现对工业网络中工业现场关键物理量（压力、摩擦、振动、温度、电流等）的数字化感知和存储，以及对各类资产的发现，为工业现场异常分析、预防性健康监测分析提供物理信息来源。

第 2 步是数据汇集（Connection）。需要对 CNC/PLC、DNC、SCADA、MES、ERP 等工业控制系统及应用系统运行时产生的关键工业数据进行汇集。该过程不是简单的数据采集，而是产品全生命周期的各类要素信息的同步采集、管理、存储与查询，为后续过程提供控制信息来源。在网络方面，进行全网流量的被动监听和存储，为工业互联网企业建立安全数据仓库。

第 3 步是转化分析（Conversion）。这一步的工作包括数据特征提取、筛选、分类、优先级排序和可读性处理等，实现从数据到信息的转化过程，使得数据转化为信息。信息主要包括内容和情景两方面，内容指工业互联网中的设备信号处理结果、监控传输特性、性能曲线、健康状况、报警信息、DNC 及 SCADA 网络流量等；情景指设备的运行工况、维护保养记录、人员操作指令、人员访问状态、生产任务目标和行业销售机理等。该过程针对单个设备或单个网络进行纵向数据分析，计算相对简单。

第 4 步是网络融合（Cyber）。该过程是将工业互联网中的设备集群、企业跨域运维及经营活动进行关联，将机理、环境、群体、操作和外部威胁情报有机结合，基于大数据进行横向分析和多维分析，并利用群体经验预测单个设备的安全情况。该过程还需要建立虚拟网络与实体系统的相互映射，并实现综合模型的应用。当然，也可以根据历史状况和当前状态的差异来发现网络及工业控制系统的异常。

第 5 步是认知预测（Cognition）。该过程在网络层的基础上，加入人的职责。人将对企业工业互联网的规律、异常、目标、态势和背景等完成认知，确定安全基线，结合大数据可视化平台，发现看不见的威胁，预测黑客攻击。

第 6 步是响应/决策（Response）。根据认知预测的结果，一旦完成了对事件的识别、确认优先级排序后，将开始人员在回路的决策、部署、优化和响应，从而实现其安全价值。响应/决策过程还需要启动相关响应策略，如隔离受损系统或账户，使其无法访问其他系统，从而遏制威胁。人员还可以在决策之后，形成团队。同时，一旦受损系统或账户得以遏制，便可利用持续监控收集来的数据确定事件的根本原因和所有违规行为。

工业互联网打通了商业网络与工业网络的边界，给工业企业带来了设备、网络、控制、应用、数据和人员等多方面的安全挑战。同时，工业互联网也给工业企业应对安全问题带来新的动力。

工业互联网企业应基于数据驱动的核心理念构建 PC4R 模型，形成联动的机制，通过内外部大数据、威胁情报等安全防御技术，利用用户本身、专业安全服务机构的力量，进行预测、防护、检测、响应，并根据不断出现的新的威胁形式，完善应对策略，协同防御，共同打造安全的工业互联网。

75 什么是工业控制系统网络杀伤链模型？

在 2015 年，SANS 公司的 Michael J. Assante 和 Robert M. Lee 二人共同提出了工业控制系统网络杀伤链模型，完整展示了黑客攻击工业控制系统的方法和过程。

从防范与溯源的角度看，工业控制系统网络杀伤链模型中的每个阶段或环节都是安全人员做出侦测和响应的机会，不同的环节也对应了不同的侦测与响应措施。该模型给安全人员分析安全事件，构建防护框架提供了参考依据。工业控制系统网络杀伤链模型主要分为两个阶段，下面将介绍两个阶段的主要流程。

（1）工业控制系统网络杀伤链模型第 1 阶段：网络入侵准备和执行

第 1 阶段与传统“网络杀伤链”的攻击相似，主要的目的是获取工业控制系统的相关信息，寻找突破方法，从而进入工业控制系统。第 1 阶段的流程如图 12-2 所示。

① 计划阶段（Planning）

第 1 步是计划阶段，主要是对目标进行侦察。侦察是通过观察或其他检测方法获取有关信息的活动，对目标系统进行研究，可以使用 Google 和 Shodan 等开源信息收集工具，以及利用公告和社交媒体资料来搜索公开可用的数据。

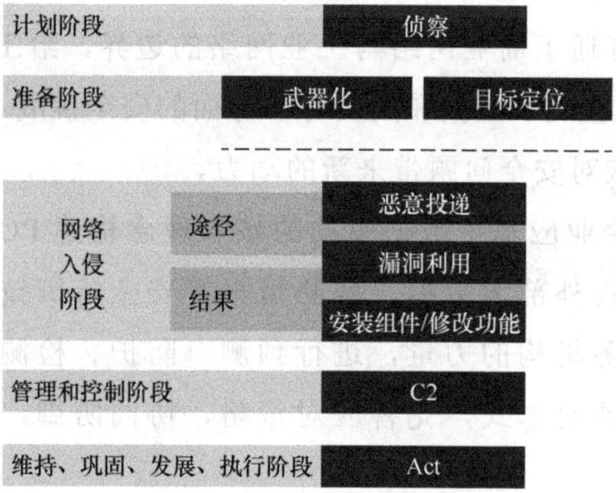

图 12-2　第 1 阶段的流程

计划阶段还可以研究工业控制系统漏洞和技术特征，以及了解如何实施攻击。

② 准备阶段（Preparation）

第 2 步是准备阶段，包括武器化或目标定位。武器化就是修改某些正常文件，使其变为网络武器。目标定位指攻击者或其代理（如脚本或工具）识别潜在的受害者的过程。

武器化和目标定位不一定全部执行，如攻击者可以直接通过获取的凭据进入目标网络，从而无须武器化的过程。同样，攻击者可以将武器化文件发送到多个目标，则攻击前无须进行专门的目标定位，在获得初始访问权限后再进行目标选择即可。

③ 网络入侵阶段（Cyber Intrusion）

第 3 步是网络入侵阶段，是攻击者为了获得对目标网络或系统的访问控制权，而进行的成功或不成功的任何尝试行为。首先，攻击者进行恶意投递，使用某种方法与攻击目标进行交互，如发送带有恶意程序钓鱼邮件。然后，进行漏洞利用，是攻击者用来执行恶意操作的手段，如在 PDF 或其他文件打开时引发漏洞溢出获取权限，或者利用 VPN 的访问凭证直接获取网络的访问权限。当漏洞利用成功后，攻击者将安装远程访问工具或者特洛伊木马等功能组件。攻击者还可以替换或者修改系统现有功能。

④ 管理和控制阶段（Management and Enablement）

第 4 步是管理和控制阶段。攻击者可以使用先前安装的功能组件或者盗用注入 VPN 这样的可信通信信道实现对目标网络的管理和控制功能（Command and Control，C2）。

⑤ 维持、巩固、发展、执行阶段（Sustainment、Entrenchment、Development、Execution）

为了达到最终的目标，第 5 步是维持、巩固、发展、执行阶段。此时攻击者开始行动，常见的活动包括发现新的系统或数据、在网络中横向移动、安装和执行附加功能、启动附加功能、捕获传输的通信（如获取用户凭证）、收集数据、向攻击者传输数据，以及消除活动痕迹和防止被发现的反取证技术，如清除攻击活动的痕迹或者在遇到网络防御者事件响应之类的活动时保护自己的立足点。

大量关于工业控制系统和工业过程、工程和运营的相关信息保存在连接因特网的网络中。因此，防御者要评估在不受保护的网络中，存在哪些信息和工具可以帮助攻击者实现攻击。还必须注意，攻击者可以针对供应商或合作伙伴网络执行第 1 阶段攻击，以获得必要的信息。当攻击者成功破坏了工业控制系统的安全性并且能够进入第 2 阶段时，第 1 阶段完成。

信息网络中的违规行为为第 1 阶段的攻击提供了必要的条件。需要强调的是，如果目标网络拥有连接因特网的工业控制系统组件，或者关于工业控制系统的重要信息可以通过攻击第三方获取，则可以绕过此阶段，如 BlackEnergy 系列的恶意软件就试图通过攻击连接因特网的设备进入目标系统。

（2）工业控制系统网络杀伤链模型第 2 阶段：工业控制系统攻击开发和执行

因为工业控制设备的敏感性，第 1 阶段攻击操作可能会导致意外的攻击结果。如尝试主动发现工业控制系统网络上的主机可能会中断必要的通信或导致通信模块失效。在第 2 阶段，攻击者必须利用在第 1 阶段中获得的信息来专门开发和测试攻击工业控制系统的方法。第 2 阶段的流程如图 12-3 所示。

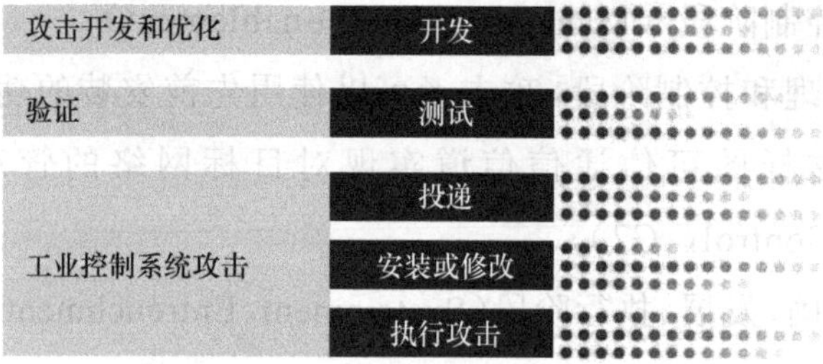

图 12-3　第 2 阶段的流程

① 攻击开发和优化阶段（Attack Development and Tuning）

第 2 阶段从攻击开发和优化阶段开始，在此阶段中，攻击者需要开发一个专门用于工业控制系统的功能。为了不被发现，攻击者的开发和优化过程会持续很长时间。

② 验证阶段（Validation）

在开发和优化完成后，下一步就是验证。在这一阶段，攻击者必须在类似或相同配置的系统中测试攻击功能，确认该功能是否能对目标系统产生有意义和可靠的影响。即使是简单的攻击，如通过增加网络扫描流量对系统进行拒绝服务攻击，也需要进行一定程度的测试，以确认扫描可以使系统拒绝服务。若要实现更重要的影响，则需要进行更复杂的测试，如需要获得真实的物理工业控制系统设备和软件组件来完成测试。

③ 工业控制系统攻击阶段（ICS Attack）

最终，实现对工业控制系统的实际攻击。攻击者将投递验证过的恶意程序，安装或修改现有系统功能，然后执行攻击。为实现最终的攻击目的，具体的攻击可能由很多步骤组成，细分为攻击准备、攻击实施和攻击支持。

发起攻击的复杂性取决于系统的安全性、过程的监视和控制程度、安全设计及其实现程度及预期的影响等。

76 什么是网络安全滑动标尺模型？

网络安全滑动标尺模型是 SANS 公司的研究员在 2015 年 8 月发表的一

份白皮书《网络安全滑动标尺模型》中建立的。它共包含五大类别，分别为基础架构（Architecture）、被动防御（Passive Defense）、积极防御（Active Defense）、威胁情报（Intelligence）和反制进攻（Offense）。

这个理论把网络安全的行动措施和资源投入进行了分类，可以让企业很方便地辨识自己所处的阶段，以及应该采取的措施和投入。对网络安全从业者来说，它可以帮助我们审视自己产品和服务的布局。该模型的提出帮助企业对其自身的网络安全能力进行了更加细致的划分，利于安全事件根本原因的洞察和分析，以指导网络安全领域建设规划和投资计划。

图 12-4 展现了这五大类别的特征，每个阶段之间具有连续性关系，并且是动态演进的。

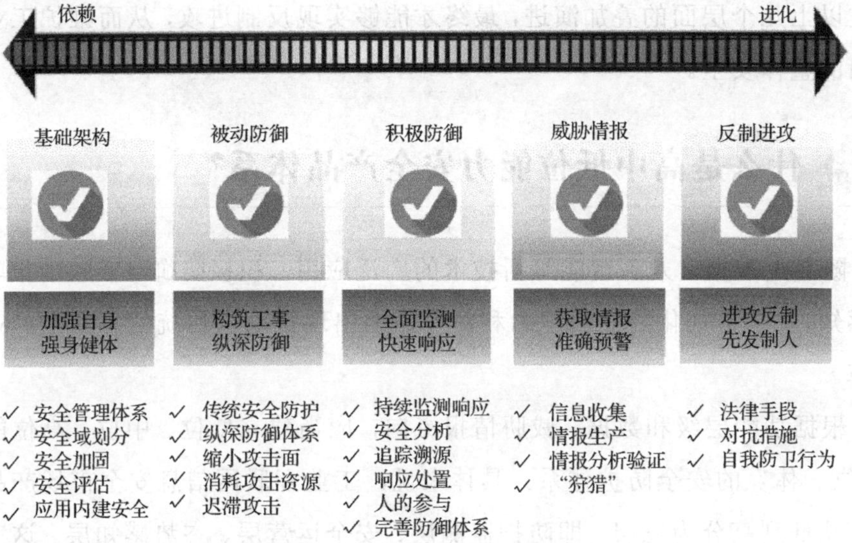

图 12-4　网络安全滑动标尺模型

网络安全滑动标尺模型将安全能力划分为五个逐步进化的能力，期望用户和决策者理解，为了让安全建设投资更合理、回报率更高，应该按照滑动标尺从左向右的顺序进行建设，以下分别进行简要说明。

① 基础架构：在系统规划、建设和维护的过程中我们应该充分考虑安全要素，确保这些安全要素被设计到系统中，从而构建一个安全要素齐全的

基础架构。

② 被动防御：建立在基础架构安全的基础上，目的是假设攻击者存在的前提下，保护系统的安全。在无人员介入的情况下，附加在系统架构之上可提供持续的威胁防御或威胁洞察力的系统。

③ 积极防御：分析人员开始介入，并对网络内的威胁进行监控、响应、学习和应用知识（理解）。

④ 威胁情报：收集数据，将数据转换为信息，并将信息生产加工为评估结果，以填补已知知识缺口。

⑤ 反制进攻：在友好网络之外对攻击者采取的直接行动（按照国内网络安全法律要求，对于企业来说主要是通过法律手段对攻击者进行反击）。通过以上几个层面的叠加演进，最终才能够实现反制进攻，从而维护工业互联网的整体安全。

77 什么是高中低位能力安全产品体系？

随着大数据、人工智能等新技术的广泛应用，积极防御、威胁情报、态势感知、安全可视化等创新理念和新产品的出现推动了传统信息安全产业的变革。

根据功能层级和数据、威胁情报流向，应当建立低位、中位、高位能力“三位一体”的安全防护体系。具体来说，工业互联网信息安全市场产品结构可从低到高分为三层，即防护监测层、安全运营层、态势感知层。这三层产品分别实现不同的安全功能，并进行数据、指令、威胁情报的流动，实现协同联动的整体防护效果。其中数据从低到高流动，威胁情报从高到低赋能。工业互联网信息安全市场产品结构如图 12-5 所示。

（1）防护监测层产品

防护监测层产品处于产品结构的底层，主要包括工业安全网关（工业控制防火墙）、工业安全监测、工业主机防护、工业安全网闸、工业安全检查

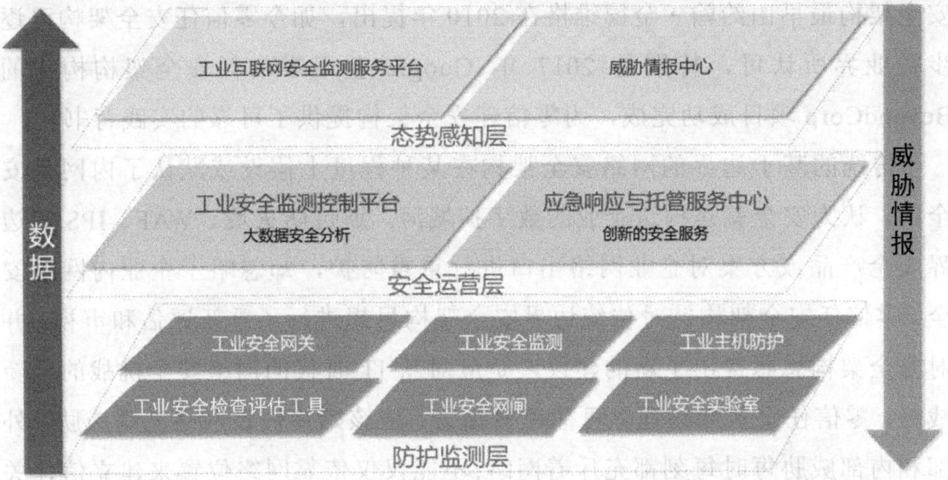

图 12-5　工业互联网信息安全市场产品结构

评估工具、工业安全实验室等产品。此层产品进行数据采集，在发现威胁或接到上层安全运营层产品命令时实施处置，具备简单的分析功能。

（2）安全运营层产品

安全运营层产品处于产品结构的中层，主要部署在工业企业内部，作为工业信息安全的威胁感知、集中管控和应急响应平台，在企业内部发挥核心作用。此层产品主要包括应急响应与托管服务中心、工业安全监测控制平台等产品，其技术核心是威胁情报利用、安全可视化、大数据处理技术等。

（3）态势感知层产品

态势感知层产品处于产品结构的顶层，其核心能力是情报搜集和数据高级分析。此层产品包括工业互联网安全监测服务平台、威胁情报中心等，主要部署在政府主管部门或大型企业集团总部，负责对辖区和主管范围内的主要工业企业进行态势感知和安全监管。

78　什么是零信任安全架构?

为应对新 IT 时代的网络安全挑战，零信任安全架构应运而生。零信任安全架构最早由约翰·金德维格在2010年提出，如今零信任安全架构已逐步被业界所认可，特别是2017年Google基于零信任安全架构构建的BeyondCorp项目成功完成，为零信任安全架构提供了可靠的实践背书。

传统的基于边界的网络安全架构在某种程度上假设或默认了内网是安全的，认为安全就是构筑企业的数字护城河，通过防火墙、WAF、IPS等边界安全产品或方案对企业网络出口进行重重防护，却忽略了企业内网的安全。零信任安全架构针对传统边界安全架构思想进行了重新评估和审视，并对安全架构思想提出了新的建议，是应对新IT时代的网络安全挑战的全新战略。零信任安全架构理念可简单概括为：应该始终假设网络充满威胁；外部和内部威胁每时每刻都充斥着网络；不能仅仅依靠网络位置来建立信任关系；所有设备、用户和网络流量都应该被认证和授权；访问控制策略应该动态地、基于尽量多的数据源进行计算和评估。

零信任安全架构从本质上可概括为以身份为中心的动态访问控制，是在不可信的现代网络环境下，以身份为中心，通过动态访问控制技术，以细粒度的应用、接口、数据为核心保护对象，遵循最小权限原则，构筑端到端的逻辑身份边界。零信任安全架构如图12-6所示。

（1）以身份为中心

零信任安全架构的本质是以身份为中心进行动态访问控制，全面身份化是实现零信任安全架构的前提和基石。基于全面身份化，为用户、设备、应用程序、业务系统等物理实体建立统一的数字身份标识和治理流程。

（2）业务安全访问

在零信任安全架构下，所有的业务访问请求（包括用户对业务应用的访问、应用API之间的接口调用访问等）都应该被认证、授权和加密。

（3）持续信任评估

零信任安全架构认为一次性的身份认证无法确保身份的持续合法性，即便是采用了强度较高的多因子认证，也需要通过度量访问主体的风险，持续进行信任评估。例如，主体的信任评估可以依据认证手段、设备的健康度、

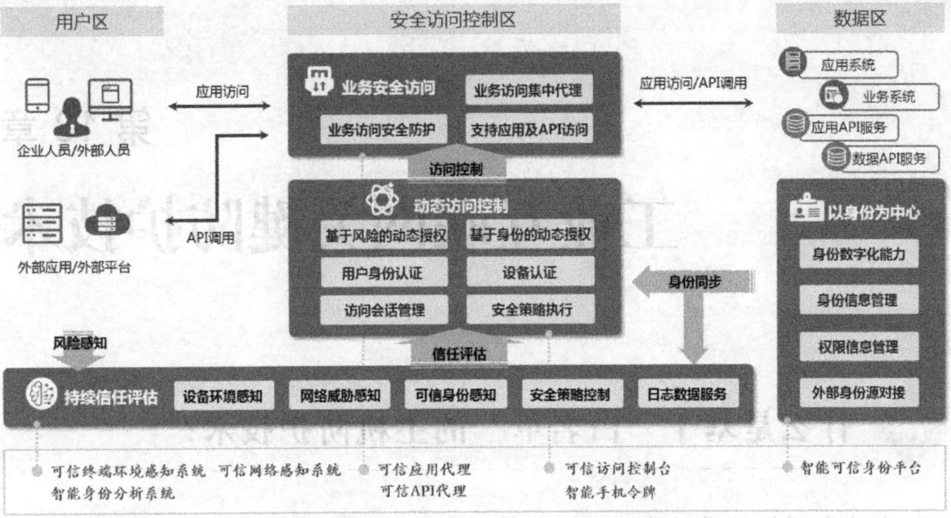

图 12-6　零信任安全架构

应用程序是否为企业分发、主体的访问行为、操作习惯等；环境的信任评估可以包括访问时间、来源 IP 地址、来源地理位置、访问频度、设备相似性等各种时空因素。

（4）动态访问控制

在零信任安全架构下，主体的访问权限不是静态的，而是根据主体属性、客体属性、环境属性和持续的信任评估结果进行动态计算和判定的。传统的访问控制机制是宏观的二值逻辑，大多基于静态的授权规则、“黑/白名单”等技术手段进行一次性的评估。零信任安全架构下的访问控制基于持续度量、自动适应的思想，是一种动态微观判定逻辑。

第 13 章

工业互联网关键防护技术

79 什么是基于“白名单”的主机防护技术？

在信息系统防护技术中，进程的“白名单”指那些已经被明确识别为合法的进程，需要予以放行。“白名单”技术主要针对系统进程相对稳定的环境，而工业互联网系统，特别是底层的工业控制系统，刚好符合这种条件，因为工业主机系统不像个人计算机一样会运行一些不可预测的软件和进程。

根据实际情况，目前针对工业主机的安全防护主要采用“应用程序白名单”技术。“应用程序白名单”技术实际就是对应用程序的强制“白名单”技术，主要指有一组应用程序名单列表，只有在此列表中的应用程序是被允许在系统中运行的，之外的任何程序都不允许运行。如果预先不能确定“白名单”，可以在首次运行时使用机器学习技术制作“白名单”，通过数据采集和分析，智能学习模块技术自动生成工业控制软件正常行为模式的“白名单”。学习阶段完成后进入保护模式，此时将工业主机要运行的进程与“白名单”中的进程进行比较、匹配、判断。若发现其特征不符合“白名单”中的记录，则将会对此行为进行阻断并报警，以避免工业控制网络受到未知入侵的威胁，同时还可以有效阻止操作人员因为异常操作带来的危害。

80 什么是基于可靠性提升和专有协议识别的防护技术？

工业互联网防护技术能够有效检测到工业互联网系统中的通信异常和

协议异常并加以阻止，对工业互联网专有协议进行深度分析，层层拆解数据包，深入剖析结构，帮助企业实现对工业互联网的深层次的安全管理和控制，进而避免工业互联网系统的意外事故。工业互联网安全防护技术相对传统信息网络防护技术主要在可靠性方面进行了增强并增加了工业控制专有协议的识别。该技术用于生产控制网与监控网、监控网与管理信息网的边界，隔离生产控制网和监控网，以及保护工业控制网络安全区域的安全，阻止来自监控网、管理信息网和其他区域的安全威胁，提供工业控制协议深度解析、工业控制指令访问控制、攻击防护、日志审计等综合安全功能，保证生产的安全有序进行。

81 什么是基于镜像流量的工业互联网威胁检查技术？

基于镜像流量的工业互联网威胁检查技术主要用来检测工业互联网安全区域的网络流量，发现来自监控网、信息网和其他区域的安全威胁。对工业控制网络协议的通信报文进行深度解析，能够实时检测针对工业控制网络协议的网络攻击、用户误操作、用户违规操作、非法设备接入，以及蠕虫、病毒等恶意软件的传播并实时报警，同时详细记录一切网络通信行为，包括指令级的工业控制网络协议通信记录，为工业控制系统的安全事故调查提供可靠的证据。

82 什么是基于模糊测试的工业控制设备漏洞挖掘技术？

模糊测试主要是通过生成相应的报文，变换协议字段进行安全测试，从而挖掘工业控制设备中的未知漏洞，提高工业控制设备的安全等级。基于模糊测试的工业控制设备漏洞挖掘技术可以支持工业控制系统中的主流工业控制协议及私有协议进行深度挖掘。帮助工业控制企业有效审核风险控制策略，对工业控制设备中存在的漏洞进行全面安全评估，提升工业控制系统的安全性。

83 什么是工业控制系统漏洞挖掘与分析技术？

工业控制系统漏洞是工业控制系统攻防双方关注的焦点。知己知彼，方能百战不殆。掌握工业控制系统漏洞挖掘与分析技术，是做好工业控制安全防护的前提。漏洞挖掘是对协议标准、源代码、二进制代码、中间语言代码中的漏洞，特别是未知漏洞进行主动发现的过程。工业控制系统漏洞挖掘技术针对工业控制系统中的软件、协议、设备等目标对象，综合利用静态挖掘方法（流分析方法、符号执行方法、模型检测分析方法、指针分析方法等）和动态挖掘方法（模糊测试方法、动态污染传播方法等）实施漏洞挖掘。工业控制系统漏洞分析技术主要采用私有协议逆向分析、固件逆向、软件反编译分析、软件动态调试、状态监控等技术对目标对象实施漏洞分析与验证。

84 什么是基于指纹识别和漏洞库的工业控制设备漏洞扫描技术？

基于指纹识别和漏洞库的工业控制设备漏洞扫描技术主要是检测已知的安全漏洞，采用被动方式接收流量扫描，与指纹识别和漏洞库进行特征匹配，发现工业控制设备漏洞。在工业应用环境中，漏洞扫描建议采用被动的、非破坏性的方法对工业控制系统、工业控制设备、工业控制网络进行检查检测，及时发现漏洞和威胁，避免影响正常的生产业务。在工业控制系统中，生产业务的稳定性、可靠性、连续性是至关重要的，尤其是对一些核心的生产系统、控制设备，因此，在对其进行漏洞扫描时也需要做到“无害”和“无损”。将扫描融入正常的业务中的思路，指的是扫描行为与正常的业务行为是一致的，这样就能避免非正常的操作对系统造成的影响。通过这种成熟的技术，以实现对工业控制系统的无损漏洞扫描。

85 什么是基于威胁情报的工业威胁检测技术?

威胁情报依托于云端的海量工业数据，经过数据收集、数据清洗、数据关联、数据验证、情报分发等过程生成。威胁情报通过统一的规范化格式将攻击中出现的多种攻击特征进行标准化。基于威胁情报的工业威胁检测技术能够对工业互联网中出现的攻击的特点进行识别，对攻击的背景信息进行关联和可视化展现。该技术不仅可以更早地发现威胁和进行响应处理，还可以实现从点到面的协同防护，极大地压缩攻击者进行攻击的时间并提升其成本。该技术可对受害目标及攻击源头进行精准定位，最终达到对入侵途径及攻击者背景的研判与溯源，帮助企业从源头上解决安全问题。

86 什么是基于大数据处理的工业态势感知技术?

大数据时代的到来为工业互联网企业安全提供了新的技术手段。通过对工业领域传统的数据资产、设备联网数据、外部数据进行统一管理，将工业大数据技术和工业云相结合，实现对云端数据、本地数据的采集、分析，并从功能维度进行汇总、查看、统计及处置。在工业互联网企业研发设计、生产过程、需求预测、供应链优化等环节利用大数据技术进行持续监控收集、实时探测，在云端判断、取证、溯源、修复。从而建立可信任的设备、信息和软件。基于大数据处理的工业态势感知技术成为工业大数据采集、存储、处理和呈现的有力武器，能够对标识态势、攻击源、攻击事件和工业互联网资产的态势进行可视化展示，并通过可视化界面进行数据关联查询，及时对工业互联网环境中的未知风险进行预测、预防。

87 什么是网络安全、功能安全、可靠性融合技术?

工业互联网系统因其对人身安全、环境、社会经济效益的巨大影响，相对于一般信息系统更加强调它的 RAMS 属性，即可靠性（Reliability）、可用性（Availability）、可维护性（Maintainability）、安全性（Safety、Security）。所以片面强调工业互联网的网络安全，不考虑其他 RAMS 属性，就不能平衡工业互联网网络安全、功能安全和可靠性，将不符合行业、客户的需求。工业领域涉及行业较多，包括能源、电力、通信、交通、金融等关键信息基础设施，然而不同行业之间的工业控制系统的生产工艺、供应链等应用特点差距较大，利用统一的技术标准、安全体系无法解决企业的安全问题。同时预防性维修、大规模定制化生产等新业务的需求也面临着新的网络安全威胁。因此，在不断加强工业互联网安全建设的同时，如何将各行业之间的特点有机融合，形成有效的业务安全建设的最佳实践，是工业互联网安全的发展方向之一。

第 14 章

工业互联网主流安全产品

88 什么是工业防火墙和工业网闸？

防火墙是实现区域隔离和边界防护的主要安全设备，是位于两个不同网络之间的软件或与硬件设备组合而成的一种装置，集多种安全机制为一体，能够对两个网络之间的通信进行控制。而工业防火墙是专为工业环境打造的边界防护产品，为控制网与企业网的连接、控制网内部各区域的连接提供访问控制。工业防火墙主要采用四重“白名单”的安全策略，过滤非法访问，保证只有可信任的设备接入工业控制网络，保证可信任的流量在网络传输。

工业网闸作为用于工业场景下不同安全级别网络间进行安全数据交换的专用产品，通过链路阻断、协议转换的方式实现信息摆渡，可深度解析多种协议，集安全隔离、实时信息交换、协议分析、内容检测、访问控制、安全防护等多种功能于一体，在实现网络安全隔离的同时，提供高速、安全的数据交换能力和可靠的信息交换服务。

图 14-1 为工业防火墙、工业网闸部署示意图。

89 为什么信息系统防火墙不适用于工业网络？

作为减少攻击面的核心措施及网络安全的第一道防线，防火墙用于隔离不同安全域，对跨域访问进行安全控制和信息过滤，是最重要的边界防护设备，也是网络安全建设的首选。其广泛应用于办公网、数据中心等场景。近

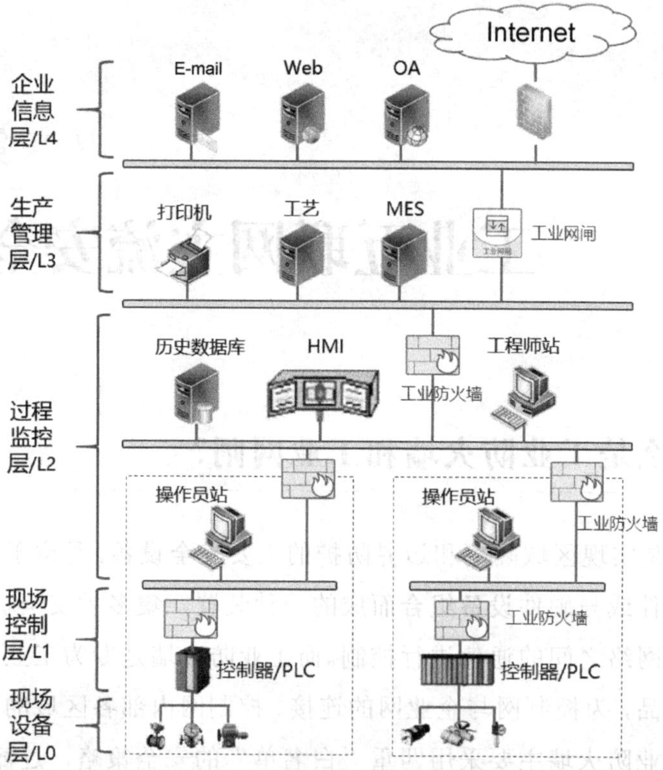

图 14-1　工业防火墙、工业网闸部署示意图

年来，随着工业网络安全事件的频发，许多企业将信息系统防火墙直接部署在工业网络中，结果却是差强人意，形同虚设，甚至会影响生产网络的可靠性。

为什么已经非常成熟的防火墙会出现水土不服，无法满足工业网络需求？主要有如下 4 个原因（注：为便于区别，人们习惯把传统信息领域的防火墙、NGFW 等统称为信息系统防火墙，工业控制网络的防火墙统称为工业防火墙或控制技术防火墙）。

（1）信息系统防火墙无法分析工业控制协议及其漏洞威胁

我们知道，信息系统常见的协议有 HTTP、FTP、SMTP、Telnet 等，而工业系统却有其特定的工业控制协议，如 OPC、Modbus、IEC104、DNP3.0、S7 等。因为这些应用协议的不同，导致防火墙对协议的识别、解析、漏洞分析、威胁检测等方面的能力要求也不同，从而带来的防护手段也不同。

（2）信息系统防火墙无法适用工业现场物理环境

传统的信息系统通常设置在恒温、恒湿、无尘的环境下，而工业控制系统的现场物理环境却差异很大，相对信息系统环境要恶劣得多（如高低温、粉尘、潮湿、酸碱等），即使有独立的工业设备机架，其温度、湿度、粉尘情况也与信息系统环境相差甚远。这就要求防火墙硬件产品需要按照工业现场环境要求，做到全封闭、无风扇，支持-40℃～70℃，以及支持现场 DIN 导轨式部署等。

（3）信息系统防火墙无法满足工业控制系统对可用性的要求

工业控制系统以"可用性"为第一安全需求，设备使用年限一般在 10 年以上，不轻易做工业环境改造。一旦出现异常，首先要确保生产不停机。而信息系统以"保密性"为第一安全需求，设备使用年限一般为 3～5 年，要求快速迭代、性能冗余，一旦出现异常，要求确保信息不泄露。因此，两者对异常处理的目标不一样。

（4）信息系统防火墙无法满足工业网络运维的要求

为保证工业生产的稳定性和持续性，工业场景的设备不能频繁升级，不能频繁调试，不能为生产带来时延抖动等影响。而信息系统要求快速迭代、频繁升级维护。因此在信息系统环境下需要对防火墙特征库、病毒库等经常升级才能保证防护效果；在工业环境下，这些条件基本无法满足，必须换一种方法进行产品的设计和运维。

由于工业环境与信息系统环境的固有差异性，因此工业网络需要更有针对性、更为专业的工业防火墙。

90 什么是工业主机安全防护？

工业主机安全防护产品类似于 PC 安全防护的杀毒软件，是工业环境针对系统的高可用性、连续性等特性专门开发的防护软件。目前主要使用"白名单"、防病毒、外设管控、运维管理、资产管理等技术。一般具有程序进程管理，病毒查杀、拦截，U盘、移动存储设备管控，资产统计等功能。

通过在操作员站、工程师站、服务器部署工业主机安全防护产品，实现对恶意代码防护和外设端口的管理等。对于大规模终端部署场景，可通过工业主机安全防护控制中心对各终端部署的工业主机安全防护产品进行集中管理和运维。保障工作站、服务器的安全性与可用性。工业主机安全防护产品部署示意图如图 14-2 所示。

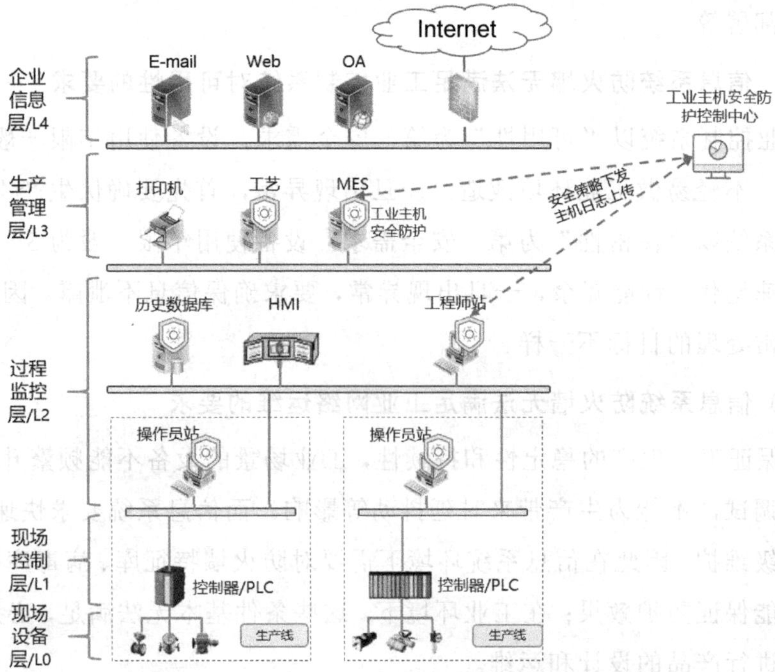

图 14-2　工业主机安全防护产品部署示意图

91 为什么信息系统杀毒软件不适用于工业生产环境？

（1）信息系统杀毒软件需要定期更新病毒库等，无法适应工业连续生产的要求

工业生产对连续生产的要求非常高，工业主机不允许随便重启。而杀毒软件为了获得最佳查杀效果，需要及时更新版本、更新病毒库，由此导致工业主机的频繁重启不可接受。在很多生产线上，工业主机往往数月甚至多年不会更新补丁。

（2）信息系统杀毒软件对 CPU 和内存占用较高，无法适应工业生产环境的“可用性”要求

工业生产环境存在大量 Windows XP、Windows 2000 等老旧操作系统，工业主机系统投入运行时间较长，性能普遍较低，无法满足信息系统杀毒软件的新技术、新功能对硬件设施的高要求。

（3）信息系统杀毒软件和工业软件存在兼容性问题

工业软件由于具有极高的专用性，在设计时往往不会考虑与各种环境的兼容性，只要满足特定生产环境即可，因此很容易与信息系统杀毒软件不兼容，发生误杀，这对于工业生产是致命的。

92 什么是工业安全监测产品？

工业安全监测产品对工业控制系统的运行数据进行被动无损采集，实时发现信息安全威胁和其造成的系统运行异常，协助运营人员及时进行响应处理，提升工业生产连续性水平。通常具备监听网络流量、发现工业资产和漏洞、监测业务操作、检测网络攻击和病毒传播等功能。工业安全监测产品的部署示意图如图 14-3 所示。

93 为什么工业生产环境需要进行安全监测？

（1）工业生产环境中资产状况不清楚

工业生产环境中设备资产、品牌型号、软件系统、设备属性等众多，生产人员在管理运维中存在较大的问题，工业安全监测产品能够自动发现资产，建立资产基线，全面了解全网的工业资产情况，当系统出现安全问题时帮助生产人员及时定位有安全问题的资产，迅速找到问题设备。

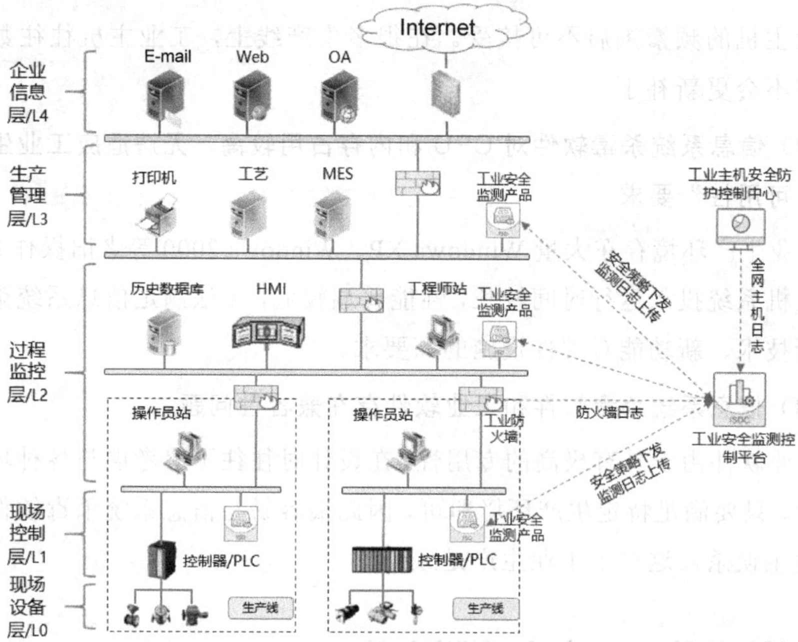

图 14-3　工业安全监测产品的部署示意图

（2）工业生产环境中安全威胁不掌握

工业生产环境中的设备存在较多安全漏洞，攻击者无论利用何种漏洞对工业生产进行攻击均会造成严重危害。工业安全监测产品能够帮助生产人员发现资产中存在哪些安全漏洞，同时还可以实时监测网络攻击行为，帮助生产人员全面分析整体网络威胁。

（3）工业生产环境中生产故障难定位

在工业生产环境中，当生产出现断线、停机等安全事故，生产人员在排查时需要浪费大量的时间，工业安全监测产品能够及时发现故障原因，准确识别生产异常操作，发出告警，协助生产人员排查原因，定位生产故障。

94　什么是工业安全检查评估工具？

工业安全检查评估工具是应用于工业控制网络安全检查、风险评估、等保测评及威胁感知的产品，主要帮助监管测评机构准确评估工业企业的网络安全状况，也可以用于企业自查自评。通常包括工业控制合规性检查、工业控制资产发现、工业控制漏洞监测、高级威胁快速发现、异常行为和未知威胁检测等功能。

工业安全检查评估工具多为便携式设备，带有高清显示屏幕，便于在多个单位进行现场快速分析，只需接入镜像流量即可，无须复杂配置。使用在线旁路部署方式，即部署在工业控制系统核心交换机或汇聚交换机镜像端口，采用被动模式检查。工业安全检查评估工具示意图如图 14-4 所示。

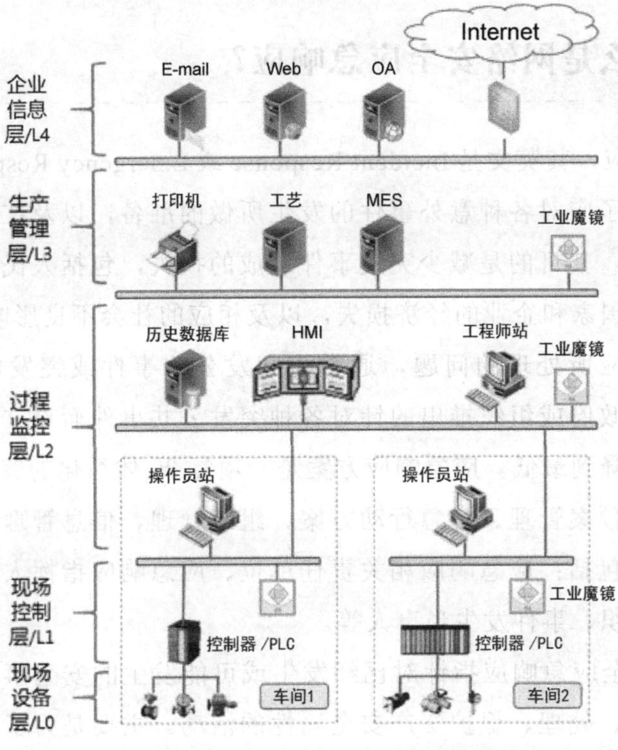

图 14-4 工业安全检查评估工具示意图

第 15 章

网络安全应急响应

95 什么是网络安全应急响应？

应急响应，其英文是 Incident Response 或 Emergency Response，通常指一个组织为了应对各种意外事件的发生所做的准备，以及在事件发生后所采取的措施。其目的是减少突发事件造成的损失，包括人民群众的生命、财产损失，国家和企业的经济损失，以及相应的社会不良影响等。

应急响应所处理的问题，通常为突发公共事件或突发的重大安全事件。通过由政府或组织推出的针对各种突发公共事件而设立的各种应急方案，使损失降到最低。应急响应方案是一项复杂、体系化的突发事件应急方案，包括：预案管理、应急行动方案、组织管理、信息管理等环节。其相关执行主体包括：应急响应相关责任单位、应急响应指挥人员、应急响应工作实施组织、事件发生当事人等。

网络安全应急响应指针对已经发生或可能发生的安全事件进行监控、分析、协调、处理、保护资产安全属性的活动。主要是为了对网络安全有所认识、有所准备，以便在遇到突发网络安全事件时做到有序应对、妥善处理。

工业互联网的网络安全应急响应主要针对工业设备、平台、数据安全等，在实践中从技术、设备、管理、法律等各角度综合应用，保证突发网络安全事件应急处理有序、有效、有力，确保涉事企业损失降到最低，同时威慑肇事者。总之，就是要对工业互联网的网络安全有清晰认识，有所预估和准备，从而在发生突发网络安全事件时，有序应对、妥善处理。

96 网络安全应急响应相关的重要法律法规、政策有哪些？

当前，世界各国纷纷将网络空间安全纳入国家安全战略，制定和完善网络空间安全战略规划和法律法规。我国高度重视网络空间安全，习近平总书记曾明确提出“没有网络安全就没有国家安全”，而网络安全应急响应工作是网络安全的最后一道防线，完善网络安全应急响应标准体系，规范网络安全应急响应工作，提升网络安全应急响应能力，对于保卫国家安全至关重要。

2017 年，WannaCry 和 Petya 勒索病毒在多个国家和地区先后爆发，引发了各方广泛关注。网络信息技术在给人类带来巨大机遇的同时，也带来了新的安全风险和挑战。同时，为维护网络空间主权和国家安全，落实网络强国战略，我国相继出台了《中华人民共和国网络安全法》《国家网络空间安全战略》《网络空间国际合作战略》《国家网络安全事件应急预案》等一系列法律法规、政策，确定了我国网络空间安全的基本方略和行动指南。其中也将网络安全应急响应能力建设提升到新的高度，建立系统、全面的网络安全应急响应标准体系已成为当务之急。表 15-1 为近年来涉及网络安全应急响应相关内容的重要法律法规、政策。

表 15-1 涉及网络安全应急响应相关内容的重要法律法规、政策

年份	名 称	说 明
2007	《中华人民共和国突发事件应对法》	是专门针对突发事件的预防与应急准备、监测与预警、应急处置与救援、事后恢复与重建的立法
2016	《中华人民共和国网络安全法》	第五章共八条专门对监测预警与应急处置提出了明确要求
2016	《国家网络空间安全战略》	对完善网络安全监测预警和网络安全重大事件应急处置机制进行部署
2017	《网络空间国际合作战略》	提出要推动加强各国在预警防范、应急响应、技术创新、标准规范、信息共享等方面合作

（续表）

年份	名　　称	说　　明
2017	《国家网络安全事件应急预案》	为国家层面组织应对涉及多部门、跨地区、跨行业的特别重大网络安全事件的应急处置提供政策性、指导性和可操作性方案。随后各行业、各地区也纷纷制定行业/地区网络安全事件应急预案
2017	《关键信息基础设施安全保护条例（征求意见稿）》	对关键信息基础设施范围、运营者安全保护义务、产品和服务安全、监测预警、应急处置和检测评估等一系列事项进行了详细的规定，构建了关键信息基础设施安全保护制度的具体框架
2017	《公共互联网网络安全威胁监测与处置办法》	指导公共互联网网络安全威胁监测与处置工作的开展
2017	《公共互联网网络安全突发事件应急预案》	进一步强化在电信主管部门的统一领导、指挥和协调下，明确面向社会提供服务的基础电信企业、域名注册管理和服务机构、互联网企业（含工业互联网平台企业）、网络安全专业机构等相关单位的职责分工
2017	《工业控制系统信息安全事件应急管理工作指南》	对工业控制安全风险监测、信息报送与通报、应急处置、敏感时期应急管理等工作提出了一系列管理要求，明确了责任分工、工作流程和保障措施
2018	《网络安全等级保护条例（征求意见稿）》	第三十条监测预警和信息通报、第三十二条应急处置要求都对网络运营者在网络安全应急方面提出了要求

工业和信息化部发布的《工业控制系统信息安全事件应急管理工作指南》（以下简称“《指南》”）是为进一步贯彻落实《国务院关于深化制造业与互联网融合发展的指导意见》，依据《中华人民共和国网络安全法》《中华人民共和国突发事件应对法》《国家网络安全事件应急预案》等法律法规而印发的。旨在加强工业控制系统信息安全事件应急管理，提高工业控制系统信息安全事件的应急处置能力，预防和减少事件造成的损失和危害，保障工业生产正常运行。《指南》明确了工业控制系统信息安全事件应急工作的组织机构和职责，确定了工业控制系统信息安全事件的监测通报、处置流程和具体措施，提出了应急队伍、专家组、物资和经费保障等应急力量和应急资源方面的要求，为应急处置工作提供行动指南。

97 网络安全应急响应事件等级如何划分？

可根据事件本身、影响范围、危害程度、商业价值几个维度进行综合评分，确定网络安全应急响应事件的等级。一般分为四级，分别是：特别重大事件、重大事件、较大事件、一般事件。各级别的突发安全事件具体描述如下。

（1）特别重大事件

本级突发安全事件对计算机系统或网络系统所承载的业务、事发单位利益及社会公共利益有灾难性的影响或破坏，对社会稳定和国家安全产生灾难性的危害。例如，丢失绝密信息的安全事件；对国家安全造成重要影响的安全事件；业务系统中断八小时以上或者资产损失达到 1000 万元以上的安全事件。

符合下述任意条件，则需要上报单位领导决策：

① 网站首页无法显示或被恶意篡改；

② 网站无法登录；

③ 网站全部业务无法进行。

（2）重大事件

本级突发安全事件对计算机系统或网络系统所承载的业务、事发单位利益及社会公共利益有极其严重的影响或破坏，对社会稳定、国家安全造成严重危害。例如，丢失机密信息的安全事件；对社会稳定造成重要影响的安全事件；业务系统中断八小时以内或者资产损失达到 300 万元以上的安全事件。

符合下述任意条件，则需要上报单位领导决策：

① 网站部分业务无法进行；

② 系统访问异常缓慢；

③ 部分用户无法登录。

（3）较大事件

本级突发安全事件对计算机系统或网络系统所承载的业务、事发单位利益及社会公共利益有较为严重的影响或破坏，对社会稳定、国家安全产生一定危害。例如，丢失秘密信息的安全事件；对事发单位正常工作和形象造成影响的安全事件；业务系统中断四小时以内或者资产损失达到50万元以上的安全事件。

安全事件暂时不会影响业务系统，但存在一定的隐患，需要准确定位并处理。

（4）一般事件

本级突发安全事件对计算机系统或网络系统所承载的业务及事发单位利益有一定的影响或破坏，或者基本没有影响和破坏。例如，丢失工作秘密的安全事件；只对事发单位部分人员的正常工作秩序造成影响的安全事件；业务系统中断两小时以内或者资产损失仅在 50 万元以内的安全事件。

在不同等级安全事件发生后，安全事件响应组应启动相应预案，并负责应急处理工作。

98 企业网络安全应急响应应具备哪些能力?

网络安全事件时有发生，其中重大、特别重大的网络安全事件也随时有可能发生。因此，我们必须做好应急准备工作，建立快速、有效的现代化应急协同机制，确保一旦发生网络安全事件，能够根据相关信息快速进行组织研判，迅速指挥调度相关部门执行应急预案，做好应对，避免给企业、社会和国家造成重大影响和重大损失。

企业网络安全应急响应应具备以下能力。

（1）数据采集、存储和检索能力

① 能对全流量数据协议进行还原；

② 能对还原的数据进行存储；

③ 能对存储的数据快速检索。

（2）事件发现能力

① 能发现 APT 攻击；

② 能发现 Web 攻击；

③ 能发现数据泄露；

④ 能发现失陷主机；

⑤ 能发现弱口令及企业通用口令；

⑥ 能发现主机异常行为。

（3）事件分析能力

① 能进行多维度关联分析；

② 能还原完整杀伤链；

③ 能结合具体业务进行深度分析。

（4）事件研判能力

① 能确定攻击者的动机及目的；

② 能确定事件的影响面及影响范围；

③ 能确定攻击者的手法。

（5）事件处置能力

① 能第一时间恢复业务正常运行；

② 能对发现的病毒、木马进行处置；

③ 能对攻击者所利用的漏洞进行修复；

④ 能对问题机器进行安全加固。

（6）攻击溯源能力

① 具备安全大数据相关能力；

② 能根据已有线索（IP、样本等）对攻击者的攻击路径、攻击手法及背后组织进行还原。

99 网络安全应急响应常用的方法学是什么?

PDCERF 方法最早于 1987 年提出，该方法将网络安全应急响应流程分成准备阶段、检测阶段、抑制阶段、根除阶段、恢复阶段、总结阶段 6 个阶段的工作。并根据网络安全应急响应总体策略对每个阶段定义适当的目的，明确响应顺序和过程。

但是，PDCERF 方法不是安全事件应急响应唯一的方法。在实际网络安全应急响应过程中，不一定严格存在这6个阶段，也不一定严格按照这6个阶段的顺序进行。但它是目前适用性较强的网络安全应急响应方法。PDCERF 方法如图 15-1 所示。

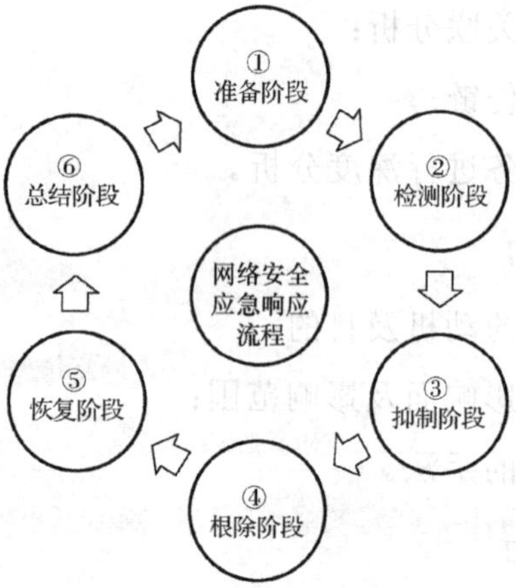

图 15-1　PDCERF 方法

（1）准备阶段

准备阶段以预防为主。主要工作涉及识别企业的风险、建立安全政策、建立协作体系和应急制度。按照安全政策配置安全设备和软件，为网络安全应急响应与恢复准备主机。通过网络安全措施，进行一些准备工作，例如，扫描、风险分析、打补丁等。如有条件且得到许可，可建立监控设施，建立数据汇总分析的体系，制定能够实现网络安全应急响应目标的策略和规程，建立信息沟通渠道，建立能够集合起来处理突发事件的体系。

（2）检测阶段

检测阶段主要检测事件是已经发生还是正在进行中，以及事件产生的原因和性质。确定事件性质和影响的严重程度，预计采用什么样的专用资源来修复。选择检测工具，分析异常现象，提高系统或网络行为的监控级别，估计安全事件的范围。通过汇总，确定是否发生了全网的大规模事件，确定应急等级，决定启动哪一级应急方案。

一般典型的事故现象包括：

① 账号被盗用；

② 骚扰性的垃圾信息；

③ 业务服务功能失效；

④ 业务内容被明显篡改；

⑤ 系统崩溃、资源不足。

（3）抑制阶段

抑制阶段的主要任务是限制攻击/破坏波及的范围，同时也是在降低潜在的损失。所有的抑制活动都是建立在能正确检测事件的基础上的，抑制活动必须结合检测阶段发现的安全事件的现象、性质、范围等属性，制定并实施正确的抑制策略。

抑制策略通常包含以下内容：

① 完全关闭所有系统；

② 从网络上断开主机或断开部分网络；

③ 修改所有的防火墙和路由器的过滤规则；

④ 封锁或删除被攻击的登录账号；

⑤ 加强对系统或网络行为的监控；

⑥ 设置诱饵服务器，进一步获取事件信息；

⑦ 关闭受攻击的系统或其他相关系统的部分服务。

（4）根除阶段

根除阶段的主要任务是通过事件分析找出根源并彻底根除，以避免攻击者再次使用相同的手段攻击系统，引发安全事件。并加强宣传，公布危害性和解决办法，呼吁用户解决终端问题。加强监测工作，发现和清理行业与重点部门问题。

（5）恢复阶段

恢复阶段的主要任务是把被破坏的信息彻底还原到正常运作状态。确定使系统恢复正常的需求和时间表，从可信的备份介质中恢复用户数据，打开系统和应用服务，恢复系统网络连接，验证恢复系统，观察其他的扫描，探测可能表示入侵者再次侵袭的信号。一般来说，要想成功地恢复被破坏的系统，需要有干净的备份系统，编制并维护系统恢复的操作手册，而且在系统重装后需要对系统进行全面的安全加固。

（6）总结阶段

总结阶段的主要任务是回顾并整合网络安全应急响应过程的相关信息，进行事后分析总结和完善安全计划、政策、程序，并进行训练，以防止入侵再次发生。基于入侵的严重性和影响，确定是否进行新的风险分析，给系统和网络资产制作一个新的目录清单。这一阶段的工作对于准备阶段工作的开展起到重要的支持作用。

总结阶段的工作主要包括以下 3 方面的内容：

① 形成事件处理的最终报告；

② 检查网络安全应急响应过程中存在的问题，重新评估和修改事件响应过程；

③ 评估网络安全应急响应人员相互沟通在事件处理上存在的缺陷，以促进事后进行更有针对性的培训。

100 如何组建网络安全应急响应组织体系？

网络安全应急响应通常由一个网络安全应急响应组织负责提供，网络安全应急响应组织可以是正式的、固定的，也可以是因网络安全事件的发生而临时组建的。对于国家来说，一般要设立专门的网络安全应急响应机构；对于大部分企业来说，可由内部网络安全相关部门负责网络安全应急响应的组织工作，不必设置专门的网络安全应急响应岗位，但是职责的负责人一定要事先明确。网络安全应急响应组织工作涵盖接收、复查、响应各类安全事件报告和活动，并进行相应的协调、研究、分析、统计和处理工作，甚至还可提供安全培训、入侵检测、渗透测试或程序开发等服务，其组织体系的设计要保障网络安全事件发生后，网络安全应急响应的及时到位、快速有效。

一般情况下，企业的网络安全应急响应工作和网络安全保障工作在组织上是合一的。网络安全应急响应工作的组织体系包括内部协调和外部协调。内部协调的对象主体是企业内部组建的网络安全应急响应领导小组（或决策中心）、网络安全保障与应急响应办公室（以下简称“应急办”）、相关业务线或受影响的业务部门、专项保障组，以及技术专家组、顾问组、市场公关组等；外部协调的对象主体包括各相关政府部门、业务关联方、供应商（包括相关的设备供应商、软件供应商、系统集成商、服务提供商等）、专业安全服务厂商等。

值得注意的是，如果企业的网络安全突发事件和经营业务的合作方、关联方有密切关系，那么应急办需考虑与合作方、关联方的协调，双方的法人主体地位是平等的，双方应保持密切沟通。其次，由于通常企业的高级安全人才缺乏，在出现重大安全事件之后，还要考虑引入专业安全服务厂商力量，因为专业安全服务厂商的安全专家应对高级别的网络黑客行为和网络攻击更有经验，在使用工具与制定策略上会更具优势。

另外，还要为企业的网络安全应急响应领导小组设置市场公关职能，因为在新媒体日益普及的环境下，企业越来越重视公共舆论的传播，一旦内部网络发生安全事件，企业一般会在新媒体官方账户上与公众互动，发布企业网络安全应急响应的动态信息等。网络安全应急响应组织体系示意图如图 15-2 所示。

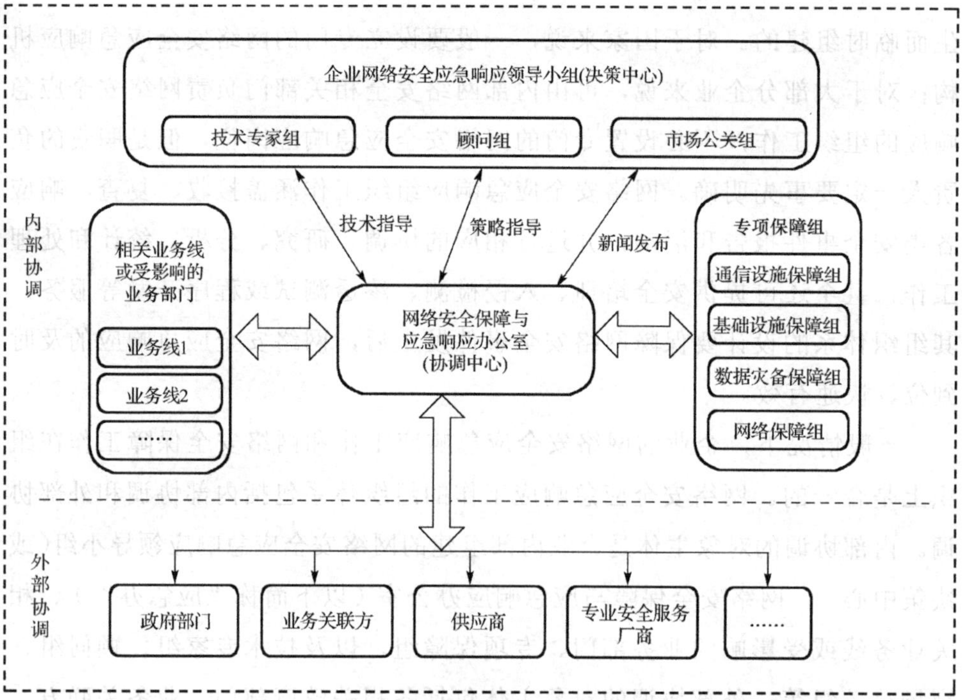

图 15-2　网络安全应急响应组织体系示意图

在具体职能上，网络安全应急响应领导小组对网络安全应急工作进行统一指挥，应急办负责具体执行。例如，应急办负责各类上报信息的收集和整体态势的研判、信息的对外通报等。相关业务线或受影响的业务部门的协调工作是指，网络安全事件影响了机构或企业的某些业务，使之无法正常运行，甚至瘫痪，需要业务线相关人员参与到网络安全应急响应工作中，配合查明原因，恢复业务。专项保障组在应急办的领导下，承担执行网络系统安全应急处置与保障工作。技术专家组的任务是指导技术实施人员采取有效技术措施，及时诊断网络安全事故、及时响应。顾问组则主要提供总体或专项策略支持。市场公关组负责对外消息的发布，以及应急处置情况的公开沟通与回应。

在外部协调上，应急办需要和相关政府部门及时通报情况，并沟通应急处置事宜。业务关联方、供应商也是外部协调对象。通常来说，专业安全服务厂商也是供应商的一种，但是根据近年来的网络安全应急响应实践，可以发现专业安全服务厂商的作用越来越大，也受到各方的重视，因此在模型中会单独列出。

需要强调的是，应急办是应急响应执行的关键组织保障，其负责人需要在有足够的协调能力的同时，还要有足够的权力，才能调动内部部门、主营业务领域的协同力量。机构内部的顾问组和技术专家组对网络安全应急响应的制度流程建设完善有重要的支撑作用，在网络安全应急响应上也发挥参谋作用，并且需要与软件供应商、设备供应商、系统集成商、服务提供商的相关技术支持人员，以及专业安全服务厂商的支持人员保持密切配合。

101 网络安全事件的应急响应的流程包括哪些部分？

在发生工业主机被攻陷、信息破坏事件（篡改、泄露、窃取、丢失等）、大规模病毒事件等安全事件时，应及时进行安全事件应急响应和处置。该流程并非是固定的，需要应急响应服务人员在实际应用中灵活变通，也可适当简化流程。

（1）准备阶段

准备阶段主要是要识别企业的风险、建立安全政策、建立协作体系和应急制度，以及进行一些相关准备工作。

（2）检测阶段

检测阶段是网络安全应急响应处置过程中的重要阶段，主要内容包括：实施小组人员的确定、检测范围及对象的确定、检测方案的确定、检测方案的实施和检测结果的处理。检测阶段的主要目标是接到事故报警后对异常的系统进行初步分析，确认其是否真正发生了网络安全事件，制定进一步的响应策略，并保留证据。

检测阶段的主要内容如下。

① 实施小组人员的确定

网络安全应急响应负责人根据初步的检查，分析事故的类型、严重程度等，确定临时网络安全应急响应小组的实施人员的名单。

接到事故报警后，立即对以下事项进行初步排查。重点检查项应尽量全部记录，一般检查项根据实际情况按需记录。

重点检查项：

- 确认是否影响业务生产，造成哪些业务无法开展；
- 确认网络是当前范围内的局域网，还是全国性内网；
- 确认是否有主机“中招”，有多少台服务器“中招”，分别是哪种业务服务器，有多少台终端“中招”。

一般检查项：

- 确认此次事件类型，包括遭遇勒索病毒（如果是勒索病毒，需填写加密的文件后缀）、挖矿木马、APT攻击、网站挂马、网站暗链、网站篡改、数据泄露等；
- 病毒/木马的传播能力，以及传播方式；
- 业务数据的备份情况；
- 是否有数据泄露，以及哪些数据被泄露；
- 安全软件部署情况，以及归属厂家，如是否部署防病毒软件、流量监测设备、虚拟化安全产品等。

② 检测范围及对象的确定

主要涉及以下内容。

- 对发生异常的系统进行初步分析，判断是否真正发生了网络安全事件。
- 确定检测范围及对象。

③ 检测方案的确定

主要涉及以下内容。

- 确定检测方案。
- 制定的检测方案应明确检测规范。
- 制定的检测方案应明确检测范围，其检测范围应仅限于与网络安全事件相关的数据，对未经授权的机密性数据信息不得访问。
- 检测方案应包含实施方案失败的应变和回退措施。

- 充分沟通，并预测应急处理方案可能造成的影响。

④ 检测方案的实施

主要涉及以下内容。

- 检测搜集系统信息：搜集操作系统基本信息、日志信息、账号信息等。
- 主机检测：包括日志检查、账号检查、进程检查、服务检查、自启动检查、网络连接检查、共享检查、文件检查、查找其他入侵痕迹等。

⑤ 检测结果的处理

经过检测，判断出网络安全事件类型，包括以下 7 个基本分类。

- 有害程序事件：指蓄意制造、传播有害程序，或是因受到有害程序的影响而导致的网络安全事件。
- 网络攻击事件：指通过网络或其他技术手段，利用信息系统的配置缺陷、协议缺陷、程序缺陷或使用暴力攻击对信息系统实施攻击，并造成信息系统异常或对信息系统当前运行造成潜在危害的网络安全事件。
- 信息破坏事件：指通过网络或其他技术手段，造成信息系统中的信息被篡改、假冒、泄露、窃取等而导致的网络安全事件。
- 信息内容安全事件：指利用信息网络发布、传播危害国家安全、社会稳定和公共利益的内容的网络安全事件。
- 设备设施故障事件：指由于信息系统自身故障或外围保障设施故障而导致的网络安全事件，以及人为使用非技术手段有意或无意造成信息系统破坏而导致的网络安全事件。
- 灾害性事件：指由于不可抗力对信息系统造成物理破坏而导致的网络安全事件。
- 其他网络安全事件：指不能归为以上 6 个基本分类的网络安全事件。

另外，还要评估突发网络安全事件的影响。采用定量和/或定性的方法，对业务中断、系统宕机、网络瘫痪、数据丢失等突发网络安全事件造成的影响进行评估，主要评估内容如下。

确定是否存在针对该事件的特定系统预案，如果存在，则启动相关预案；如果事件涉及多个专项预案，应同时启动所有涉及的专项预案；如果不存在针对该事件的专项预案，应根据事件具体情况，采取抑制措施，抑制事件进一步扩散。

（3）抑制阶段

抑制阶段的主要目标是及时采取行动，限制事件扩散和影响的范围，以及限制潜在的损失与破坏，同时要确保封锁方法对涉及的业务产生最小的影响。

抑制阶段的主要内容如下。

① 抑制方案的确定

在检测分析的基础上，初步确定与网络安全事件相对应的抑制方法，如有多项，可在考虑后选择相对最佳的方案。

在确定抑制方案时应该考虑：

- 全面评估入侵范围、入侵带来的影响和损失；
- 通过分析得到的其他结论，如入侵者的来源；
- 服务对象的业务和重点决策过程；
- 服务对象的业务连续性。

② 抑制方案的认可

主要涉及以下内容。

- 明确当前面临的首要问题。
- 在采取抑制措施之前，要明确可能存在的风险，制定应变和回退措施。

③ 抑制方案的实施

严格按照相关约定实施抑制，不得随意更改抑制措施的范围，如有必要更改，需获得相关负责人的授权。

抑制措施包含但不仅限于以下几方面：

- 确定被攻击的系统的范围后，将被攻击的系统和正常的系统进行隔离，断开或暂时关闭被攻击的系统，使攻击先彻底停止；
- 持续监视系统和网络活动，记录异常流量的远程 IP、域名、端口；
- 停止或删除系统非正常账号，隐藏账号，更改口令，提升口令的安全级别；

- 挂起或结束未被授权的、可疑的应用程序和进程；
- 关闭存在的非法服务和不必要的服务；
- 删除系统各用户“启动”目录下未授权自动启动的程序；
- 使用 Net Share 或其他第三方工具停止共享；
- 使用反病毒软件或其他安全工具检查文件，扫描硬盘中的所有文件，隔离或清除木马、蠕虫、后门等可疑文件；
- 设置陷阱，如蜜罐系统，或者设置反击攻击者的系统。

④ 抑制效果的判定

主要涉及以下内容。

- 防止事件继续扩散，限制潜在的损失和破坏，使目前损失最小化。
- 判定对其他相关业务的影响是否控制在最小范围。

《应急处置方案》文档示例如下。

一、紧急处置方案

1．对于已“中招”服务器：下线隔离。

2．对于未“中招”服务器

1）在重要网络边界防火墙上关闭 3389 端口或 3389 端口只对特定 IP 开放。

2）开启 Windows 防火墙，尽量关闭 3389、445、139、135 等不用的高危端口。

3）每台服务器设置唯一口令，且复杂度要求采用大小写字母、数字、特殊符号混合的组合结构，口令位数足够长（15 位），至少采用两种组合。

4）安装“天擎”最新版本（带防暴力破解功能）。

二、后续跟进方案

1） 对于已下线隔离的“中招”服务器，联系专业技术服务机构进行日志及样本分析。

2）建议部署全流量监测设备，及时发现恶意网络流量，进一步追踪溯源。

（4）根除阶段

根除阶段的主要目标是事件进行抑制之后，通过有关事件或行为的分析结果，找出事件根源，明确相应的补救措施并彻底清除问题。

根除阶段的主要内容如下。

① 根除方案的确定

主要涉及以下内容。

- 检查所有受影响的系统，在准确判断网络安全事件原因的基础上，提出方案建议。
- 由于入侵者一般会安装后门或使用其他的方法以便在将来有机会侵入该被攻陷的系统，因此在确定根除方案时，需要了解攻击者是如何入侵的，以及与这种入侵方法相同和相似的各种方法。

② 根除方案的认可

主要涉及以下内容。

- 明确采取的根除措施可能带来的风险，制定应变和回退措施。
- 准备根除方案的实施。

③ 根除方案的实施

使用可信的工具进行网络安全事件的根除处理，不得使用被攻击系统已有的不可信的文件和工具。

根除措施包含但不限于以下几方面：

- 改变全部可能受到攻击的系统账号和口令，并提升口令的安全级别；
- 修补系统、网络和其他软件漏洞；
- 增强防护功能，复查所有防护措施的配置，安装最新的防火墙和杀毒软件，并及时更新，对未受保护或者保护不够的系统增加新的防护措施；
- 提高其监视保护级别，以保证将来对类似的入侵进行检测。

④ 根除效果的判定

主要涉及以下内容。

- 找出造成事件的原因，备份相关文件和数据。
- 对系统中的文件进行清理，并根除。
- 使系统能够正常工作。

⑤ 填写应急响应处置表

填写应急响应处置表，详细记录现场的情况，应包含以下内容：

- 处置情况描述；
- 感染总数记录；
- 样本是否提取，以及与其他样本的关联性记录；
- 受害系统 IP，以及溯源 IP 记录。

（5）恢复阶段

恢复阶段的主要目标是恢复受安全事件影响的系统，并使其还原到正常状态，业务能够正常进行。恢复工作应避免出现误操作，导致数据丢失。

恢复阶段的主要内容如下。

① 恢复方案的确定

制定一个或多个能从网络安全事件中恢复系统的方法，了解其可能存在的风险。

确定系统恢复方案，根据抑制和根除的情况，协助服务对象选择合适的系统恢复方案，恢复方案涉及以下几方面：

- 如何获得访问受损设施或地理区域的授权；
- 如何通知相关系统的内部和外部业务伙伴；
- 如何获得安装所需的硬件部件；
- 如何获得装载备份介质；
- 如何恢复关键操作系统和应用软件；
- 如何恢复系统数据；
- 如何成功运行备用设备。

如果涉及涉密数据，确定恢复方法时应遵循相应的保密要求。

② 恢复信息系统

网络安全应急响应实施小组应按照系统的初始化安全策略恢复系统。恢复系统时，应根据系统中各子系统的重要性，确定系统恢复的顺序。

恢复系统过程包含但不限于以下几方面：

- 利用正确的备份恢复用户数据和配置信息；

- 开启系统和应用服务，将受到入侵或者因怀疑存在漏洞而关闭的服务修改后重新开放；
- 连接网络，服务重新上线，并持续监控，持续汇总分析，了解各网络的运行情况。

对已恢复的系统，还要验证恢复后的系统是否正常运行。

对于不能彻底恢复配置和清除系统上恶意文件的系统，或在不能肯定系统经过根除处理后是否已恢复正常时，应选择彻底重建系统。对重建后的系统进行安全加固，并建立系统快照和备份。

（6）总结阶段

总结阶段的主要目标是通过网络安全应急响应前几个阶段的记录表格，回顾安全事件处理的全过程，整理与事件相关的各种信息，进行总结，并尽可能地把所有信息记录到文档中。

总结阶段的主要内容如下。

① 事故总结

应及时检查网络安全事件处理记录是否齐全，并对事件处理过程进行总结和分析。

总结的具体工作包括但不限于以下几方面：

- 事件发生的现象总结；
- 事件发生的原因分析；
- 系统的损害程度评估；
- 事件损失估计；
- 总结采取的主要应对措施；
- 将相关的工具文档（如专项预案、方案等）归档。

② 事故报告

主要涉及以下内容。

- 编写完备的网络安全事件应急响应报告。
- 总结网络安全方面的措施和建议。

相关文档示例如下。

××网络安全事件应急响应报告

一、项目概述

1.1 事件概述

（1）应急响应开始时间

（2）应急响应结束时间

（3）事件描述

1.2 应急响应工作目标

达成如下工作目标。

（1）分析样本感染方式、对系统造成的影响。

（2）排查攻击者入侵路径（如不需要对日志进行分析溯源，删除即可）。

（3）提供针对此类病毒的处置解决方法。

二、应急响应工作流程

2.1 准备阶段工作说明

2.2 检测阶段工作说明

2.3 抑制阶段工作说明

2.4 根除阶段工作说明

2.5 恢复阶段工作说明

三、总结及安全建议

3.1 应急响应总结

3.2 相关安全建议

四、附件及中间文档

第 16 章

工业互联网安全应急响应典型案例

102 生产线遭遇勒索病毒攻击怎么办？

（1）场景回顾

2018 年 7 月 17 日，某知名汽车零部件生产企业的工业生产网络遭遇 WannaCry 的攻击，酸轧生产线一台 Windows Server 2008 R2 主机出现蓝屏、重启现象。当日晚上，4 台服务器出现重启。现场工程师通过查阅资料，对病毒进行了手动处理。9 月 10 日，各条生产线开始出现大量蓝屏和重启现象，除重卷、连退生产线外，其他酸轧、包装、镀锌生产线全部出现病毒感染、蓝屏、重启现象。此时，病毒已对正常生产造成严重影响。9 月 12 日，该企业求助相关工业互联网安全应急响应中心，对事件进行全面处置。

（2）问题研判

经过对各生产线的实地查看和网络分析可知，当前网络中存在的主要问题如下。

① 网络中的交换机未进行基本安全配置，未划分虚拟局域网（VLAN），各条生产线互联互通，无明显边界和基本隔离。

② 生产线为了远程维护方便，分别开通了 3 个运营商 ADSL 拨号，控制网络中的主机在无安全措施下访问外网。

③ 控制网中提供网线接入，工程师可随意使用自己的便携机接入网络。

④ U 盘随意插拔，无制度及管控措施。

⑤ 员工安全意识不高。

⑥ 信息系统、控制系统的权限划分不清晰。

（3）处置方案

攻击目标是经过精心选择的，该目标承载了企业的核心业务系统，企业一旦“中招”须缴纳赎金或者自行解密，否则业务将面临瘫痪。镀锌生产线处于停产状态，需以“处置不对工业生产造成影响或造成最小影响”为原则，进行处理。

① 检查镀锌生产线服务器，然后进行病毒提取。

② 停止病毒服务。

③ 手动删除病毒。

④ 对于在线终端，第一时间推送病毒库更新和漏洞补丁库，并及时采取封端口、打补丁等措施，避免再次感染。

103 办公网络遭遇勒索病毒攻击怎么办？

（1）场景回顾

2018 年 12 月 5 日，国内某半导体制造企业遭遇勒索病毒攻击，其核心生产网络和办公业务网络被加密，导致生产停工，被加密的主机被要求支付 0.1 个比特币的赎金。

（2）问题研判

① 安全人员通过对现场终端进行初步排查，发现终端主机被植入勒索病毒，导致无法进入操作系统。

② 修复 MBR 后，使用数据恢复软件恢复部分文件。在部分机器中对日志进行分析，发现其存在域控管理员登入记录。经过排查，初步判断此次攻击事件因黑客入侵企业的备用域控，获得其账号、密码，并在 bat 脚本中批量使用 cmdkey 命令来保存远程主机凭据到当前会话，随后调用 psexec 远程执行命令，向域中机器下发攻击文件进行勒索。

③ 在现场共提取了 update3.exe、update.exe 和 update2.exe 三个样本，其功能分别为：将勒索病毒写入主机 MBR、使用类似 TEA 的对称加密算法加密文件、使用 libsodium-file-crypter 开源项目的开源代码加密文件。

④ 目前已有多家工业控制企业遭遇该勒索病毒，且攻击者通过人工渗透的方式释放病毒，不排除攻击者会对其他已经控制的内网系统下手。

（3）处置方案

① 使用 PE 系统登入服务器，使用磁盘工具搜索磁盘，并使用安全工具恢复 MBR，解决系统无法启动的问题。

② 对于已“中招”的服务器进行下线隔离处理。

③ 对于未“中招”的服务器，在网络边界防火墙上关闭 3389 端口或 3389 端口只对特定 IP 开放。

④ 开启 Windows 防火墙，尽量关闭 3389、445、139、135 等不用的高危端口。

⑤ 每台服务器设置唯一口令，且要求采用大小写字母、数字或特殊符号混合的组合结构，口令位数足够长（15 位），至少采用两种组合。

⑥ 安装终端安全防护软件。

104 遭遇挖矿蠕虫病毒攻击怎么办？

（1）场景回顾

2018 年 10 月 31 日，相关工业互联网安全应急响应中心接到某炼钢厂电话求助，称其工业生产网络自 10 月起各流程工艺主机遭遇蠕虫病毒的攻击，出现不同程度蓝屏、重启现象。早期在其他分工厂曾出现过类似现象，10 月 18 日该炼钢分工厂出现主机蓝屏、重启现象，10 月 30 日晚间蓝屏、重启主机数量增多，达到十几台。相关负责人员意识到病毒在 L1 生产网络有爆发的趋势，因此在该厂紧急配置了趋势杀毒服务器，并在各现场工业主机终端安装网络版本趋势杀毒软件进行杀毒，部分机器配合打补丁进行应急处置。

（2）问题研判

① 安全人员通过近两天的情况了解、现场处置，可以确认 L1 网络中感染了利用“永恒之蓝”漏洞传播的挖矿蠕虫病毒，OA/MES 网络主机既感染了挖矿蠕虫病毒，又感染了 WannaCry 变种。

② 由于网络未做好隔离与最小访问控制，关键补丁未安装（或安装未重启生效），蠕虫病毒通过网络大肆快速传播与感染，导致蓝屏、重启事件的发生。

③ 内网主机感染时间有先后，网络规模庞大，因业务需要，外网主机可远程通过 VPN 访问生产网中主机，进而访问现场 PLC。

④ 网络中存在多个双网卡主机，横跨 L1、L2 网络，进而造成整个 L1、L2、L3 网络实质上互联互通。同时，传播感染有一定的时间跨度，被感染的主机也可以攻击网络中的其他目标，无全网全流量监控。

由分析可知，挖矿蠕虫病毒、WannaCry 变种通过某种网络途径，利用系统漏洞传入，由于内部网络无基本安全防护措施且互联互通，进而导致了病毒迅速蔓延扩散。

（3）处置方案

① 对该炼钢厂 L1 生产网络中的多个流程工艺，包括转炉、异型坯、地面料仓、精炼、倒灌站等操作站主机进行处置，使病毒传播、蓝屏和重启等现象得到基本控制。

② 确认其他主机是否存在挖矿蠕虫病毒或 WannaCry 变种。

③ 对主机进行挖矿蠕虫病毒相关补丁的升级。

④ 建立完善的安全防护制度和统一方案，确保生产安全、连续、稳定。

105 工业互联网安全应急响应的发展与趋势是什么？

（1）关口前移，应急小时化，防患于未然

应急响应要前移，即在事前做好充分准备，抓住危机发生的关键因素和触发点，进行预防和预警，才能有效地消除矛盾、控制危机。应急管理的重点是危机发生之后的处置，进行24小时监测预警。发生安全事件后，达到重大事件“分钟级”的应急处置，“小时级”的恢复处理。

在“应急小时化”的今天，应急响应工作事后处理，容易错过最佳处理时间的弊端更加明显。更多的应急响应组织尝试将应急响应工作前移，以应对日益严峻的安全形势。前移的应急响应大部分工作是对各种可能发生的安全事件制定应急预案，并通过多种形式的应急演练，不断提高应急预案的实际可操作性。

关口前移是对落实网络安全防护方法提出的重要要求，防患于未然则形成了以防护效果为导向的指引要求，即要求用更为积极主动、行之有效的方式来应对网络安全问题。在做好关口前移的基础上，进一步加强网络安全防护运行工作，除了采用定期检查和突发事件应急响应等偏被动的常规机制，还需提升安全防护工作的主动性，定期开展安全应急演练工作。网络实战攻防演习便是在新的网络安全形势下，通过攻防双方之间的对抗演习，从而实现防患于未然。

做到了应急响应工作的前移，企业便能够更加从容地面对各种安全事件，同时也解决了应急响应组织面对大规模突发安全事件，人员不足的问题。应急响应工作的前移，或成为应对未来大规模网络安全突发事件的最佳解决方案。

（2）工业企业必须依靠外界力量来处置网络安全问题

尽管工业企业对网络安全的关注与投资与日俱增，但是安全事件的数量和影响并没有因此而减少。反之，网络攻击形式越来越多，攻击的复杂程度也越来越高，因此，也迫使网络防御进一步提升。

从美国中央情报局、美国国家安全局网络武器库泄露事件，美国总统大选期间希拉里邮件门事件，乌克兰电网断电事件，美国部分地区大规模断网事件，“永恒之蓝”漏洞事件来看，这些安全事件都有一个显著的特点，就是传统的技术方法和产品将不再有效。专业的网络安全公司每天都在研究并处理各种各样的网络攻击，因此，当再发生类似安全事件时，可以依靠具有大数据威胁情报资源的应急响应机构，通过大数据威胁情报分析，对安全事件提前感知。

当前，网络安全人才短缺、传统技术和产品脱节及安全预算不足，导致企业在面临样式繁多且日益复杂的网络攻击时，显得心有余而力不足。只有依靠第三方和外界力量，才能更好地防御安全威胁，保护企业的网络安全。

第 17 章

典型行业的工业控制安全解决方案

106 电力行业如何保障安全?

电力工业控制系统是国家关键信息基础设施的重要组成部分，其安全性关系到国家战略安全。随着信息化和工业化的深度融合，电力工业控制系统也发生了巨大变化，专用的平台、协议逐渐被开放的平台和协议所取代，孤立的系统开始走向开放、互联互通。这种情况带来的网络安全风险，使得电力工业控制系统的安全威胁日趋严峻。

近年来，乌克兰电网两次大规模停电事件，使得国家各个层面对工业控制系统安全的重视程度不断提高，同时也引起电力同行的高度重视，电力企业对于电力生产监控系统已经从原来单一的功能性需求，开始转变为系统安全性需求。

(1) 某市热电厂工业控制安全建设

① 项目背景

该热电厂规划容量为 4 台双抽供热汽轮发电机组，分两期建设，目前一期已经投入运行。近些年来该热电厂都按照要求进行了网络安全等级保护测评工作，对网络安全工作较为重视。此次工业控制安全建设是按照要求对发电机组 DCS、脱硫 DCS 和辅网进行整改工作，从而达到更高的安全水平，为生产保驾护航。

根据网络安全等级保护测评结果，将从以下方面进行整改:

各主机系统通过“白名单”主机防护，进行主机加固；

实时发现网络威胁，并进行审计，方便事后追溯。

② 解决方案

主机防护：通过在关键业务系统主机、服务器中部署基于“白名单”主动防御机制的安全防护软件，能够防范恶意程序的运行，禁止非法 USB 移动存储介质的接入，从而切断木马、病毒等传播与破坏路径，为工业主机、服务器创建可管、可控、安全的运行环境，保障业务系统稳定有序运行。

安全监测：在生产网交换机中部署基于镜像流量机制的工业安全监测设备，进行协议审计、流量审计，掌握监控网安全信息。

安全管理：针对部署的工业控制安全软/硬件设备进行统一管理、配置和运维，实现对工业控制全网中每个节点的安全设备进行策略配置下发、网络流量分析，实时掌握工业控制安全设备运行情况，以便在出现问题时及时掌握发生位置和原因。

解决方案部署图如图 17-1 所示。

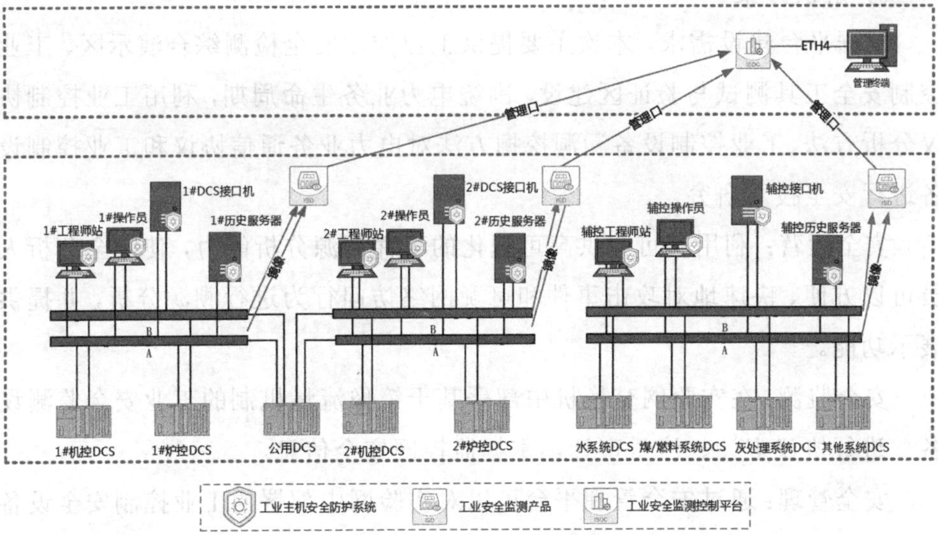

图 17-1 解决方案部署图

（2）某电科院工业控制安全检测实验平台建设

① 项目背景

该工业控制安全检测实验平台的整体框架分为三部分，分别为工业控制安全检测综合演示区、工业控制安全工具测试与验证区、模拟场景区。

该平台建立完成后需要具备如下几种能力：

一是开展智能终端安全测试与防护技术研究，通过智能终端安全检测环境与实验能力建设，承担区域智能终端设备的入网安全检测，制定智能终端安全接入与测评规范；

二是开展智能电网安全防护产品与防护体系的适应性验证，通过构建用电信息采集系统、输变电状态监测系统、智能变电站及集中监控系统与配电网自动化系统的实验仿真环境，开展分区隔离、安全交换与协议管控技术研究，以及有效性验证工作；

三是通过建立覆盖智能电网输、变、配、用 4 个环节的一体化测试环境及安全攻防靶场，开展重大电力工业控制安全事件过程重现与事故反演，验证智能电网安全防护体系应对新型工业控制病毒与特种木马攻击的有效性。

② 解决方案

根据平台建设需求，本次主要提供工业控制安全检测综合演示区、工业控制安全工具测试与验证区建设。围绕电力业务生命周期，利用工业控制协议分析方法、工业控制设备漏洞挖掘方法对电力业务通信协议和工业控制设备进行安全技术研究。

安全运营：利用其可提供高可视化的事件溯源分析能力，使安全分析人员可以方便、快速地对攻击事件和可疑网络访问行为进行溯源分析，并提供展示功能。

安全监测：在实验网交换机中部署基于镜像流量机制的工业安全监测设备，进行协议审计、流量审计，掌握监控网安全信息。

安全管理：通过安全管理平台可以对实验网中部署的工业控制安全设备和系统进行管理、配置和运维。实时掌握工业控制安全设备运行情况，以便在出现问题时及时掌握发生位置和原因。

边界隔离：平台通过部署工业安全网关实现边界隔离，用来验证其业务环节中涉及的协议解析、通信行为建模、攻击防护、网络访问控制等能力。

主机防护：工业主机防护软件通过大数据采集和分析，进行智能学习，并自动生成工业主机“白名单”安全基线，有效防范已知、未知病毒的入侵和攻击。平台可验证工业主机、服务器的安全运行环境是否可靠。

安全检查：平台通过部署临检工具，可进行短时旁路监测、异常流量分析、安全风险告警，便于进行相关场景的流量截取和分析。以特制 U 盘的形式，插入工业主机，收集各个工业主机的系统信息。最终将这些信息导入工业安全运营中心，对工业主机的安全状况进行评估。

107 轨道交通行业如何保障安全？

轨道交通是我国国民经济的命脉和交通运输的骨干网络，不仅承担经济物资的运输，还承担客运运输职能，在促进我国资源输送、加强经济区域交流、解决城市交通拥挤等方面发挥了巨大作用。随着信息化和轨道交通自动化的深度融合，轨道交通控制网络也朝着智能化方向迅速发展。如何使轨道交通能够长期安全运营是现阶段轨道交通发展所必须面临和解决的问题。

目前，轨道交通的安全措施重点是保障业务系统的可用性和故障的迅速恢复性，而在操作系统漏洞、接口访问控制、恶意代码攻击等方面的安全防护相对较弱。

某铁路局高铁建设项目情况如下。

① 项目背景

该铁路线路地质条件极为复杂，是具有山区特点的高标准现代化铁路。该线路穿越山区地段线路长，隧道里程高，桥隧比高达 94%，首次采用大坡度，且大坡道持续段长。山区持续大坡道对车的牵引制动、牵引供电、运营安全、运营能力等有着重要影响。

因此新建系统需同步考虑工业控制安全建设，以满足国家对关键基础设施的安全建设要求，首先能够保障业务系统主机、服务器安全，防范恶意代码运行，不影响其可用性安全需求。

② 解决方案

主机防护：通过在关键业务系统主机、服务器中部署基于“白名单”主动防御机制的安全防护软件，能够防范恶意程序的运行，禁止非法USB移动存储介质的接入，从而切断木马、病毒等传播与破坏路径，为工业主机、服务器创建可管、可控、安全的运行环境，保障业务系统稳定有序运行。

108 石油石化行业如何保障安全？

随着石油石化行业的加速发展，石油企业、石油炼化和化工企业普遍采用了高度自动化的生产技术装备和高度信息化的运营管理手段，极大地提升了生产效率。与此同时，严峻的网络安全风险也不容忽视。石油石化这个关乎国计民生的特殊行业，每一次安全事件的发生，都将给广大人民的生活、生产带来巨大影响，使国家经济遭受重大损失，甚至倒退。因此，石油石化行业控制系统的网络安全问题，关系到国家经济命脉、人民生活水平及社会繁荣发展。

某燃气公司工业控制安全建设项目情况如下。

① 项目背景

随着供气管网的网络化、安全监管的需要，天然气的工业控制系统正由原来相对封闭、稳定的环境变得更加开放和多变，面临着网络安全风险。

② 解决方案

根据天然气行业工业控制系统安全现状和需求，依据国家的政策和标准，解决部署方案如下。

入侵防护：在生产数据网的边界部署具有入侵防御功能的设备，抵御来自外部网络的威胁。

边界隔离：在网络纵向各层之间进行边界隔离，部署具有工业控制协议深度解析功能的工业防火墙。

主机防护：对服务器、上位机进行安全加固，部署“白名单”工业主机安全防护软件。

安全监测：在生产网交换机中部署基于镜像流量机制的工业安全监测设备，进行协议审计、流量审计，掌握监控网安全信息。

运维审计：部署安全运维审计系统，实现资产管理、身份管理、访问控制与授权、运维操作审计等。

安全管理：集中管理工业控制安全设备，主要进行规则部署和日志收集，便于维护。

安全检查：配备工业安全检查工具，定期对工业控制网络内的局域网进行检查。

解决方案部署图如图 17-2 所示。

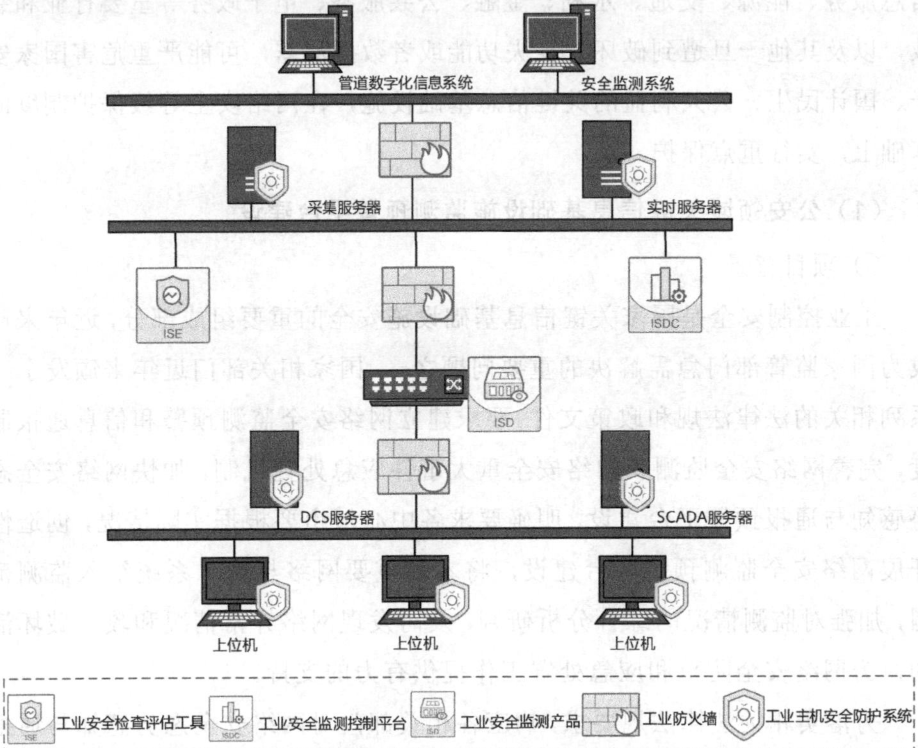

图 17-2 解决方案部署图

109 政府监管机构如何保障安全?

随着工业化和信息化的深度融合，以及工业互联网、工业云等新兴技术的兴起，信息、网络及物联网技术在智能电网、智能交通等领域得到了广泛的应用。由于工业控制系统广泛应用在电力、交通、石油化工、核工业等国家重要的行业中，因此攻击工业控制系统造成的社会影响和经济损失会更为严重。如今，工业控制安全已被提升到“国家安全战略”的高度，如何有效进行工业控制安全防护，降低工业控制安全风险是国家监管机构、工业企业、工业控制安全企业等面临的迫切问题。

《中华人民共和国网络安全法》中第三十一条规定：国家对公共通信和信息服务、能源、交通、水利、金融、公共服务、电子政务等重要行业和领域，以及其他一旦遭到破坏、丧失功能或者数据泄露，可能严重危害国家安全、国计民生、公共利益的关键信息基础设施，在网络安全等级保护制度的基础上，实行重点保护。

（1）公安领域关键信息基础设施监测预警平台建设

① 项目背景

工业控制安全是国家关键信息基础设施安全的重要组成部分，近年来已成为国家监管部门急需解决的重要问题之一。国家相关部门近年来颁发了一系列相关的法律法规和政策文件，要求建立网络安全监测预警和信息通报制度，完善网络安全监测和网络安全重大事件应急处置机制。加快网络安全态势感知与通报预警平台建设，明确要求各中心城市要根据实际情况，创造性开展网络安全监测预警平台建设，将本地重要网络与信息系统纳入监测范围，加强对监测情况的综合分析研判，及时发现网络异常情况和攻击破坏活动，为网络安全防范和应急处置工作提供有力的支持。

为落实相关法律法规要求，响应各相关部门对网络安全态势感知与通报预警平台的相关要求，此次项目构建了一套城市化的关键信息基础设施监测预警平台，对某市城域网内及重要应用站点存在的漏洞、风险，遭到的攻击等情况进行统一汇总、全面监测、关联分析，实现宏观层面的态势综合分析、威胁智能感知、安全态势预警，形成体系化、内容多样化的网络安全技术监测措施，以提高该市公安对关键信息基础设施安全的监管能力。

② 解决方案

关键信息基础设施监测预警平台是一套面向公安领域的监测服务平台，实现了网络安全事件和风险的监测、分析、审计、追踪溯源和风险可视化。该平台以资产发现与识别为基础，以持续的漏洞搜集为手段，以暴露在网络空间的在线监测分析为核心，以风险预警和日常管理为目标，利用设备指纹识别技术、漏洞深度扫描技术、流量分析技术和大数据分析技术等实现了所监测的暴露在网络空间的关键信息基础设施的风险评估、预警通报、事件处置和追踪溯源等，并对威胁态势进行可视化呈现。

关键信息基础设施监测预警平台包括工业控制扫描服务器、工业控制漏洞收集服务器、工业控制流量探针、工业控制态势展示服务器和态势感知分析平台等（工业控制简称“工控”），主要由资产探测服务、漏洞收集服务、流量监测服务、数据分析与业务呈现服务、预警通报服务、案件处置服务六大服务能力组成，关键信息基础设施监测预警平台网络拓扑如图17-3所示。

（2）某经信委建设工业互联网网络空间监测预警平台

① 项目背景

工业控制安全是实施制造强国和网络强国战略的重要保障。近年来，中国制造2025全面推进，工业数字化、网络化、智能化加速发展，但工业控制安全面临的安全漏洞不断增多、安全威胁加速渗透、攻击手段也变得复杂多样。

随着“海洋强国”及“一带一路”建设的实施，某省工业互联网安全形势日益严峻。工业与信息化发展的主管单位需要充分发挥政府主管部门监督管理职责，落实企业主体责任。通过建设工业互联网网络空间监测预警平台实现对省工业互联网网络空间监测预警能力的“全局管控”，提升工业互联网网络空间态势感知能力和应急处置能力，整体提升工业互联网安全防护水平。

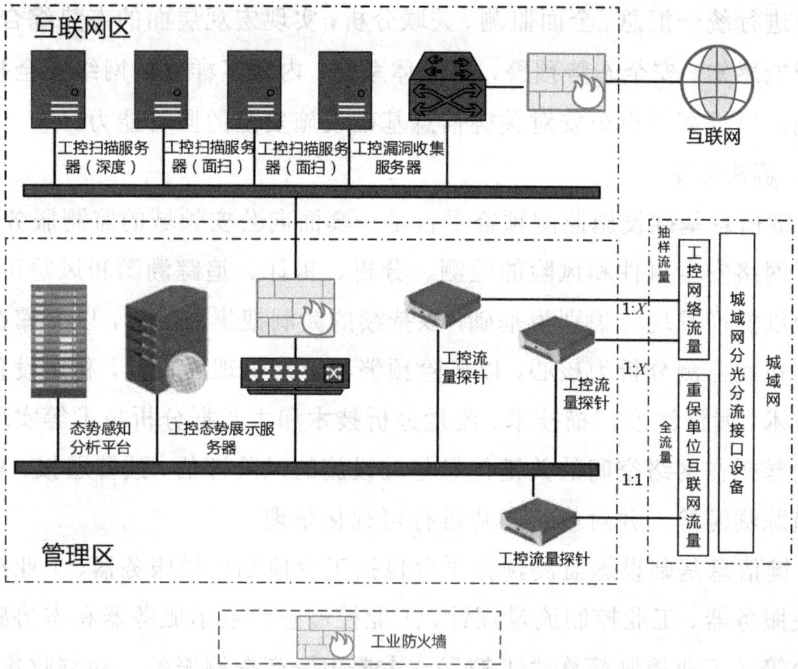

图 17-3　关键信息基础设施监测预警平台网络拓扑

② 解决方案

工业互联网网络空间监测预警平台是一套面向监督管理部门的风险预警和日常管理的业务服务平台，实现暴露在工业互联网的工业资产的监测预警服务。该平台以资产发现与识别为基础，以周期性的漏洞扫描为手段，以暴露在互联网的工业资产的在线监测分析为核心，以风险预警和日常服务为目标，利用工业控制设备、物联网设备和工业应用站点的指纹识别技术、工业控制漏洞互联网深度扫描技术和数据分析技术等实现所监测的暴露在工业互联网的工业资产的风险评估及预警，并对威胁态势进行可视化呈现。

工业互联网网络空间监测预警平台包括工业互联网扫描引擎和业务服务系统两部分内容，主要由资产扫描服务、漏洞扫描服务、数据分析与业务呈现展示服务三大服务能力组成，工业互联网网络空间监测预警平台功能架构如图 17-4 所示。

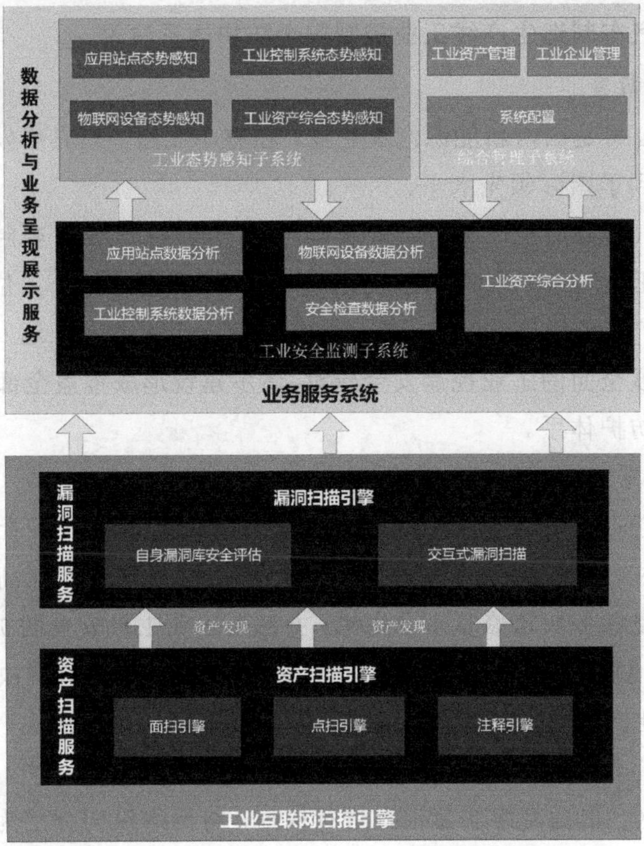

图 17-4 工业互联网网络空间监测预警平台功能架构

110 智能制造企业如何保障安全？

制造业是实体经济的主体，是国家安全和人民幸福的物质基础，是国家经济实现创新驱动、转型升级的主战场。国家全面部署推进制造强国战略实施，坚持创新驱动、智能转型、强化基础、绿色发展，加快从制造大国转向制造强国。

随着智能制造领域信息化和工业化深度融合，控制网、生产网、管理网、互联网的互联互通成为常态，智能制造生产网络的集成度越来越高，越来越多采用通用协议、通用硬件和通用软件，工业控制系统网络安全问题日益突出，面临更加复杂的安全威胁。

（1）**某汽车制造生产线工业控制安全防护体系建设**

① 项目背景

某汽车公司是国内新能源汽车企业，在整车制造、模具研发、车型开发等方面都达到了国际领先水平。

该企业汽车制造生产线曾遭受病毒入侵，导致生产线上多台上位机出现频繁蓝屏、死机现象，并迅速蔓延至整个生产园区内大部分上位机，生产线被迫停止生产，造成巨大经济损失。基于企业安全生产及长远发展考虑，该企业规划开展全面的工业控制安全建设，逐步建设形成覆盖全部生产线的工业控制安全防护体系。

② 解决方案

针对该企业生产线病毒入侵事件，技术团队首先利用工业控制安全检查工具准确定位、研判感染病毒为“永恒之蓝”，之后通过专业高效的病毒清除和系统恢复服务快速修复工业主机，并部署工业主机安全防护软件，基于“白名单”机制实现对病毒木马的主动抵御，协助用户及时解决问题，恢复生产。经过此次事件，该企业对工业控制系统安全性更加重视，结合实际情况，打造了完整的工业控制安全防护体系。

安全分区：根据网络实际情况进行梳理，将网络纵向分层为办公网、管理网、生产网，再将生产网按照车间进行横向分区。各区域内部再根据不同工艺流程或生产任务进行安全域划分，形成更为细致合理的安全区域。依据划分的安全区、安全域制定区间、域间防护措施，部署安全防护设备，实现区域之间的安全隔离。

立体防御：结合安全分区策略，在各安全区、安全域之间部署适当的安全防护设备，形成从办公网到管理网，管理网到生产网的纵向安全隔离防护，同时形成生产网各车间网络之间的横向隔离防护，以及各网络内部安全区域之间的安全隔离防护；在安全区、安全域内各工业主机部署“白名单”主机防护软件，实现对异常行为、恶意代码的检测和主动防护；配备安全 U 盘，实现敏感数据的加密保护及数据的安全交互，多种技术手段结合形成从外到内的立体防御。

安全管理：针对部署的工业控制安全软/硬件设备进行统一管理、配置和运维，实现对工业控制全网中每个节点的安全设备进行策略配置下发、网络流量分析，实时掌握工业控制安全设备运行情况，以便在出现问题时及时掌握发生位置和原因。

安全运营：针对各安全区、安全域的网络流量、工业设备运行情况、安全设备运行情况、工业控制设备资产分布情况建立数据采集机制，统一监测各网络区域的工业控制系统的运营日志并进行综合分析，通过海量数据的关联分析，发现工业控制网络存在的安全风险并及时告警，给出详细的日志统计报表和攻击路径溯源，协助用户全面掌握工业控制系统的安全态势并及时做出应对。

解决方案部署图如图 17-5 所示。

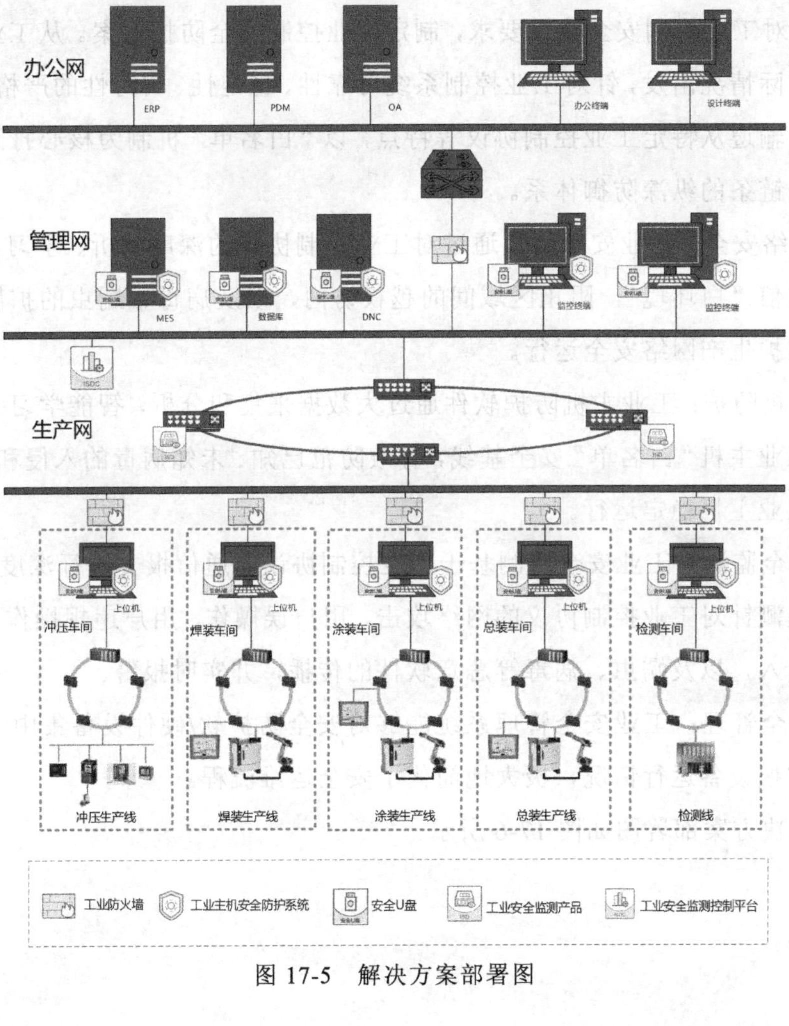

图 17-5　解决方案部署图

（2）某锻造企业工业控制安全建设

① 项目背景

某锻造企业是生产汽车零部件和钢质模锻件的专业化企业，产品出口多个国家。

2016年以来，该企业进行智能制造转型升级，启动锻压设备数字化车间建设。基于建设要求及后续安全生产，该企业决定全面开展工业控制安全建设。

② 解决方案

针对工业控制安全建设要求，制定工业控制安全防护方案。从工业生产网络实际情况出发，针对工业控制系统可靠性、稳定性、实时性的严格要求，数据传输遵从特定工业控制协议等特点，以“白名单”机制为核心打造覆盖生产全链条的纵深防御体系。

网络安全：工业安全网关通过对工业控制协议的深度解析、学习，建立网络通信“白环境”，阻止区域间的越权访问，以及病毒、蠕虫的扩散和入侵，保护生产网络安全运行。

主机防护：工业主机防护软件通过大数据采集和分析，智能学习并自动生成工业主机“白名单”安全基线，有效防范已知、未知病毒的入侵和攻击，保障工业主机稳定运行。

安全监测：工业安全监测基于工业控制协议的通信报文进行深度解析，实时监测针对工业控制协议的网络攻击、用户误操作、用户违规操作、非法设备接入，以及蠕虫、病毒等恶意软件的传播，并实时报警。

安全管理：工业安全管理系统能够对安全防护软/硬件设备集中管控，实时掌握设备运行情况，极大地简化了安全运维流程。

解决方案部署图如图17-6所示。

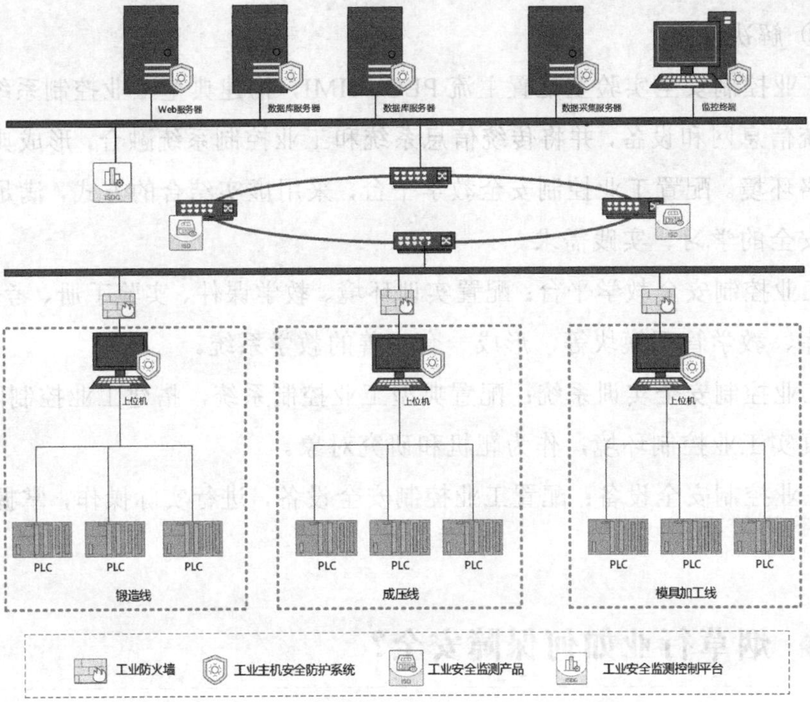

图 17-6　解决方案部署图

111 高校如何保障安全?

工业控制安全作为计算机、信息安全、自动化等领域的交叉学科，人才培养面临巨大挑战。工业控制安全领域急需构建合理的人才培养方案和完备的课程体系，为网络强国战略的实施输送网络安全人才。

某高校工业控制安全实验室建设项目情况如下。

① 项目背景

该高校紧紧围绕地区产业升级改造，特别是智能制造带来的重大需求，形成教学特色。围绕提高实践教育、创新教育的目标，计划开展面向智能制造的计算机科学与技术专业建设，推进并完善工业控制安全实验室建设，突出特色办学、强化师资力量，充分发挥实验室在创新人才培养中的作用，实现工业控制安全人才培养目标。

② 解决方案

工业控制安全实验室配置主流 PLC、HMI，构建典型工业控制系统，配置传统信息网和设备，并将传统信息系统和工业控制系统融合，形成典型工业网络环境。配置工业控制安全教学平台，采用虚实结合的方式，满足工业控制安全的学习、实践需求。

工业控制安全教学平台：配置实训环境、教学课件、实验手册、考题库、知识库、教学管理模块等，形成一套完善的教学系统。

工业控制安全实训系统：配置典型工业控制系统，搭建工业控制网络，形成真实工业控制环境，作为靶机和研究对象。

工业控制安全设备：配置工业控制安全设备，进行实际操作，掌握运维技能。

112 烟草行业如何保障安全？

新技术、新工艺的应用使烟草制造生产网络的集成度越来越高，通用协议、通用硬件和通用软件的使用率大幅增加，工业控制系统安全问题日益突出，面临更加复杂的安全威胁。

① 项目背景

基于相关部门要求及企业长远发展考虑，某卷烟厂规划开展工业控制安全建设，形成完整的工业控制安全防护体系。

② 解决方案

工业控制安全防护体系从烟草制造生产网络安全需求出发，充分考虑烟草制造网络、设备、协议、主机等实际情况，以“白名单”机制为核心打造覆盖生产全业务的纵深防御体系。

网络安全：工业安全网关通过对工业控制协议的深度解析，建立细粒度的“白名单”控制策略，打造生产网络通信“白环境”，保护生产网络安全运行。

主机防护：工业主机防护软件通过智能扫描采集和分析，构建工业主机“白名单”安全基线，主动抵御已知、未知病毒及恶意软件的入侵和攻击，保障工业主机稳定运行。

安全监测：工业安全监测基于工业控制协议的通信报文进行深度解析，实时监测针对工业控制协议的网络攻击、用户误操作、用户违规操作、非法设备接入，以及蠕虫、病毒等恶意软件的传播，并实时报警。

安全管理：工业安全管理系统能够对安全防护软/硬件设备进行集中管理，实现安全策略统一调整和集中监控，极大地简化了安全运维流程。

解决方案部署图如图 17-7 所示。

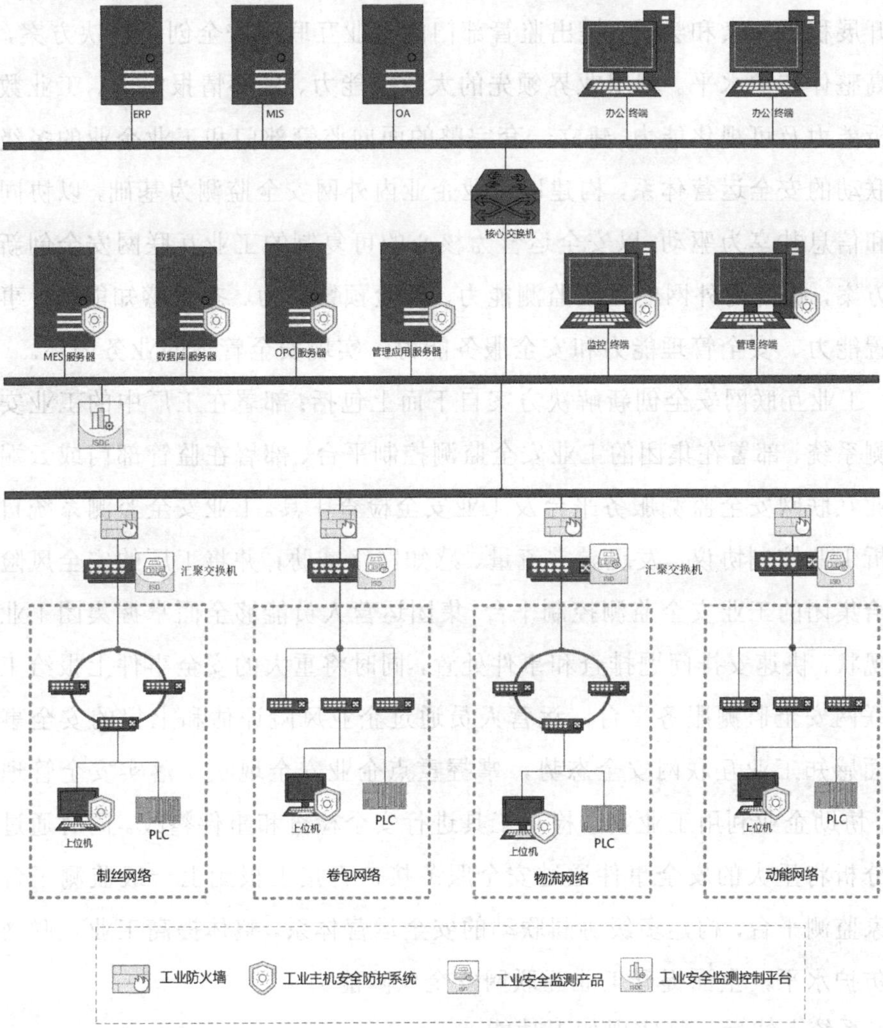

图 17-7　解决方案部署图

113 监管部门如何保障安全？

工业互联网安全已得到政府监管部门和工业企业高度重视，工业信息安全已成为制造强国和网络强国建设的重要基础支撑。国家出台了一系列政策法规，加速完善工业信息安全保障体系，提升工业互联网安全保障能力。

为落实国家工业互联网安全相关政策法规，各地监管部门和相关服务企业开展积极探索和尝试，提出监管部门的工业互联网安全创新解决方案，以提高整体防护水平。利用业界领先的大数据能力、威胁情报能力、工业数据分析能力及可视化能力，建立一套完整的面向监管部门和工业企业的多级协同联动的安全运营体系，构建以工业企业内外网安全监测为基础，以协同联动和信息共享为驱动，以安全运营为核心的可复制的工业互联网安全创新解决方案，提升内外网的在线监测能力、风险预警能力、态势感知能力、事件处置能力、安全管理能力和安全服务能力，实现安全管理的业务闭环。

工业互联网安全创新解决方案自下而上包括：部署在工厂中的工业安全监测系统、部署在集团的工业安全监测控制平台、部署在监管部门或云端的工业互联网安全监测服务平台及工业安全检查工具。工业安全监测系统自动分析工业控制协议、发现异常流量、感知网络威胁，并将工厂的安全风险上报给集团的工业安全监测控制平台，集团运营人员能够全面掌握集团工业安全现状，快速安排问题排查和事件处置，同时将重大的安全事件上报给工业互联网安全监测服务平台。运营人员通过企业风险评估和上报的安全事件全面感知工业互联网安全态势，掌握重点企业安全现状，落实安全管理职责，协助企业利用工业安全检查工具进行安全检查和事件整改。同时通过决策分析将重大的安全事件通过安全服务接口直接上报到上一级监测平台或国家监测平台，构建多级协同联动的安全运营体系，整体提高工业互联网安全防护水平，全面提升工业互联网安全保障能力。

系统上线后，将实现如下功能。

（1）构建在线监测网络，直观掌控安全态势

构建工业互联网在线监测网络，帮助监管单位的安全管理者持续监控工业安全态势，为安全管理者提供安全态势、风险评估和应急响应的决策支撑。

（2）实现多维风险监测，增强威胁发现能力

通过探测引擎、漏洞映射、风险评估等技术，实现多维度风险监测，增强威胁发现能力，提高洞悉工业互联网态势感知水平，保证安全能力落地。

（3）提升风险预警能力，威胁告警精准有效

通过安全风险报告，分析和汇总工业互联网资产、脆弱性和安全事件的情况，整体提升工业互联网风险预警能力，从而给用户带来精准有效的威胁告警。

（4）构建协同联动体系，提高事件处置效率

利用技术、人员和流程相结合，协同多部门联动的工业互联网安全运营体系，提高工业互联网事件处置能力，提高事件处置和响应效率。

（5）完善安全保障体系，提升安全管理水平

依托建设运营平台和工业安全检查工具，完善监督指导工业安全保障体系，协助监管部门落实企业主体责任和监督管理责任，整体提升安全管理水平。

第 18 章

工业互联网的重大安全事件

114 水利领域有哪些典型的工业互联网安全事件？

（1）澳大利亚马卢奇污水处理厂遭非法入侵

2000 年 3 月，澳大利亚昆士兰新建的马卢奇污水处理厂出现故障，故障表现为：无线连接信号丢失、污水泵工作异常、报警器没有报警。经过调查后发现是该厂前工程师因不满工作续约被拒而蓄意报复。其通过一台笔记本电脑和一个无线发射器控制 150 个污水泵站长达三个多月，在此期间，部分污水未经处理直接经雨水渠排入自然水系，进而导致当地环境受到严重破坏。

（2）美国污水处理厂的计算机被黑客控制

2006 年 10 月，黑客通过一台受感染的笔记本电脑访问位于宾夕法尼亚州哈里斯堡的水处理厂的计算机系统，并以此为跳板在工厂内部计算机中安装病毒和间谍软件。

值得庆幸的是，黑客并不想破坏污水处理厂，而只是将计算机作为分发电子邮件的资源。试想如果黑客针对污水处理厂发起攻击，将可能产生极其严重的后果。

（3）韩国水力核电厂计算机系统被入侵

2014 年 12 月，韩国一个水力核电厂表示，其计算机系统遭到黑客攻击，但只有非关键数据被盗。

（4）美国鲍曼水库遭黑客入侵

2016 年 3 月 24 日，美国司法部公开声明黑客入侵了纽约鲍曼水库的一个小型防洪控制系统。幸运的是，经执法部门后期调查确认，黑客并没有完全获得整个水库计算机系统的控制权，仅进行了一些信息获取和攻击尝试。这些黑客还涉嫌攻击 46 家金融机构。

（5）美国供水计算机系统遭黑客入侵

2016 年 10 月 9 日，黑客利用美国宾夕法尼亚州哈里斯堡的一家自来水厂员工的个人计算机入侵了该厂负责水过滤的计算机系统，并在水过滤计算机中安装间谍软件，利用受感染主机向外发送电子邮件和盗版软件，与此同时，黑客还修改了该计算机的登录密码，致使水厂管理员也不能进入操作系统。

115 电力领域有哪些典型的工业互联网安全事件？

（1）美国电力运营商遭黑客入侵

2001 年 5 月 11 日，黑客入侵监管加利福尼亚州多数电力传输系统的独立运营商被发现。据称，黑客已经非常接近控制系统的关键部分，一旦进入核心控制部分，可能会破坏整个加利福尼亚州的电网。

（2）美国核电站遭受蠕虫攻击

2003 年 1 月，美国俄亥俄州 Davis-Besse 核电站和部分电力设备受到 SQL Slammer（也被称为“蓝宝石”）蠕虫攻击，导致该核电站计算机处理速度变缓，安全参数显示系统和过程控制计算机长达 5 小时无法正常工作。经调查发现，该病毒利用 SQL Server 2000 中 1433 端口的缓冲区溢出漏洞进行攻击，在攻击成功后，它会尝试感染随机生成的 IP 地址对应的主机，进而使得网络拥堵，造成 SQL Server 无法正常工作，甚至宕机。

（3）美国核电站遭受网络攻击

2006 年 8 月，美国 Browns Ferry 核电站 3 号机组受到网络攻击，反应堆再循环泵和冷凝除矿控制器失灵，导致3号机组被迫关闭。事后调查发现，调节再循环泵马达速度的变频器（VFD）和用于冷凝除矿的可编程逻辑控制器（PLC）中都内嵌了微处理器。通过微处理器，VFD和PLC可以在以太局域网中接受广播式数据通信。但是，由于当天核电站局域网中出现了信息洪流，VFD和PLC无法及时处理，致使两台设备瘫痪。

（4）伊朗核电站遭受震网病毒攻击

震网病毒攻击伊朗布什尔核电站，致使铀浓缩设备出现故障，推迟了伊朗核计划。

（5）美国电厂遭受USB病毒攻击，窃取工业控制系统数据

2012年，两个美国电厂遭受USB病毒攻击。随后美国工业控制应急响应中心表示，由于包含恶意程序的U盘插入系统，因此导致工厂的工业控制系统被病毒感染，攻击者可以远程控制受感染的计算机并窃取相关数据。

（6）日本核电厂控制室被入侵，部分数据泄露

2014年1月2日，Monju核电厂控制室中的一台计算机遭到入侵。网络管理员发现，在员工更新了计算机中的一个免费应用程序后，反应堆控制室中的系统在5日内被访问了30多次。该计算机中存有42000多封电子邮件和员工培训资料。调查发现，恶意代码可能是通过软件更新感染到核电站内部的，并窃取了一些数据，然后发送到C&C服务器。

（7）乌克兰电力部门遭到恶意代码攻击，造成大范围停电

2015年12月23日，乌克兰电力部门遭到恶意代码攻击。乌克兰新闻媒体TSN在24日报道称，至少有三个电力区域被攻击，并导致了数小时的停电事故。

2016年12月17日，乌克兰的国家电力部门又一次遭遇了黑客袭击，这次停电持续了30分钟左右，受影响的区域是乌克兰首都基辅北部及其周边地区。

（8）德国核电站遭网络攻击

2016年4月，德国Gundremmingen核电站的计算机系统在常规安全检测中发现了恶意软件。核电站的操作员为防不测，关闭了核电站。

（9）委内瑞拉大规模停电事件

2019 年 3 月 7 日，委内瑞拉全国发生大规模停电事件，影响 18 个州。据媒体报道，停电是因为南部玻利瓦尔州的一座主要水电站发生故障。事件发生后，委内瑞拉政府立刻组织人力，调拨资源全力恢复。大规模停电疑似是遭受到网络攻击。

116 交通领域有哪些典型的工业互联网安全事件？

（1）14 岁男孩入侵有轨电车系统

2008 年 1 月 8 日，14 岁波兰男孩利用自己改装的电视遥控器"入侵"罗兹市有轨电车系统的轨道控制系统，改变电车运行轨道，致使 4 辆电车脱轨，所幸没有人员伤亡。

（2）波兰航空公司操作系统遭到黑客攻击

2015 年 6 月 21 日，波兰航空公司的地勤系统遭黑客攻击，无法制定飞行计划，致使预定航班无法出港，导致长达 5 个小时的系统瘫痪，至少 10 个班次的航班被迫取消，超过 1400 名乘客被迫滞留在机场。所幸，黑客攻击没有对正在飞行的飞机和机场系统产生影响，否则后果不堪设想。该事件是全球首次发生的航空公司操作系统被攻击事件。

117 能源领域有哪些典型的工业互联网安全事件？

（1）阿美石油公司被黑客攻击

2012 年 8 月 15 日，沙特阿拉伯阿美石油公司遭到 Shamoon 计算机病毒的侵袭。该病毒清除了阿美石油公司四分之三的 PC 中的数据（电子表格、电子邮件等文件），并用一张燃烧的美国国旗图片改写了硬盘的主引导记录。在这场计算机病毒袭击事件发生后，一个自称为"正义利剑"的黑客组织声称对这起事件负责，其表示此举是为了抗议政府采取的相关行动。

（2）某能源分公司内鬼破坏 SCADA，骗取维修费

2015 年 5 月 23 日，上海市奉贤区人民法院宣判了一起破坏 SCADA，牟取私利的案件。涉案人员徐某、王某以骗取维修费用为目的，由徐某针对某公司 SCADA 开发了一套病毒程序，王某利用工作之便，将此病毒程序植入该公司 SCADA 的服务器，导致 SCADA 无法正常运行。软件公司先后安排十余名中外专家均无法解决问题。此时，两人再里应外合，由公司内部的王某推荐开发病毒程序的徐某前来“维修”，骗取高额维修费用，实现非法牟利。

（3）美国天然气公司被攻击，导致交易系统关闭

2018 年 4 月 2 日，美国能源公司 Energy Services Group 的天然气管道客户交易系统受到网络攻击，造成系统关闭数小时，万幸的是此次攻击主要影响的是客户账单信息，并未对天然气流量造成影响。天然气管道客户交易系统用于帮助管道运营商加快跟踪和调度天然气流量，此系统被关闭可能导致天然气流量供应异常。

（4）乌克兰能源与煤炭工业部网站遭黑客攻击

2018 年 4 月 24 日，乌克兰能源与煤炭工业部网站遭黑客攻击，网站瘫痪，主机中文件被加密，主页留下要求支付比特币赎金的英文信息，以此换取解锁文件。经调查发现，乌克兰能源与煤炭工业部网站受到攻击是一起孤立事件，不构成大规模网络攻击。乌克兰政府的其他部门和机构网站没有遭遇类似状况。

（5）印度电力公司遭勒索攻击，大量数据被窃取锁定

2018 年 3 月 21 日，印度电力公司的网络系统遭到了匿名黑客组织入侵，黑客在获取其计算机系统访问权限后，进一步侵入计费系统并窃取和锁定了大量客户计费数据，同时向该公司勒索价值 1000 万卢布的比特币作为赎金。据悉，此次遭黑客窃取的数据是客户的消费账单，包括电费缴纳记录、未支付费用及客户地址等。该公司发言人表示，遭黑客窃取的数据库进行了加密处理，因此与之相关的数据并不会遭到泄露；此外，公司拥有该数据库的备份并已完成了数据恢复，不会有业务因此中断或遭受损失。

（6）意大利石油与天然气开采公司遭受网络攻击

2018 年 12 月 10 日，意大利石油与天然气开采公司 Saipem 遭受网络攻击，主要影响了其在中东地区的服务器，造成公司 10% 的主机数据被破坏。Saipem 发布公告证实此次网络攻击的罪魁祸首是 Shamoon 恶意软件的变种。

公告显示，Shamoon 恶意软件袭击了该公司的服务器，导致数据和基础设施受损，公司通过备份恢复数据，没有造成数据丢失。

Shamoon 的主要“功能”为擦除主机数据，并向受害者展示一条消息，通常与政治有关，另外 Shamoon 还包括一个功能完备的勒索软件模块擦除功能。攻击者获取被感染计算机网络的管理员凭证后，利用管理员凭证在组织内广泛传播擦除器。然后在预定的日期激活磁盘擦除器，擦除主机数据。

（7）中东地区石油和天然气行业频繁受到网络攻击

2017 年 3 月至今，近 3/4 的中东地区石油和天然气工业组织经历了安全危害，导致其机密数据泄露或操作中断。在中东地区受到的所有网络攻击中石油和天然气行业占据了一半的比例。

最严重的一次攻击事件发生在 2017 年 8 月，沙特阿拉伯的一家石油工厂使用的 Triconex 安全控制器系统存在漏洞，恶意软件试图利用漏洞破坏设备并企图以此引发爆炸摧毁整个工厂，但由于恶意代码写入存在缺陷，未能成功实施攻击。

118 制造业领域有哪些典型的工业互联网安全事件？

（1）德国钢铁厂遭受 APT 攻击

2014 年 12 月，德国一家钢铁厂遭受 APT 攻击，并造成巨大的经济损失。攻击者使用鱼叉钓鱼邮件和社会工程手段，获得钢铁厂办公网络的访问权，然后利用这个网络，设法进入钢铁厂的生产网络。攻击者的行为导致工业控制系统的控制组件和整个生产线被迫停止运转。由于炼钢炉不是正常关闭的，因此对设备造成了重大物理伤害。

（2）台积电遭勒索病毒入侵，致三个生产基地停摆

2018年8月3日晚间，台积电的部分生产设备受到WannaCry勒索病毒的一个变种感染，具体现象是计算机蓝屏，各类文档、数据库被锁，设备宕机或重复开机。几个小时之内，台积电其他厂也陆续被感染，同时因病毒入侵而导致生产线停摆。经过应急处置，截至8月5日下午2点，该公司约80%受影响设备恢复正常，8月6日下午，生产线已经全部恢复生产。

此次事件发生的原因是员工在安装新设备时，没有事先做好隔离和离线安全检查工作，导致新设备在连接到公司内部网络后，病毒快速传播，并最终影响整个生产线。

（3）铝生产商遭勒索软件攻击

2019年3月18日，位于挪威的铝生产商海德鲁公司遭勒索软件攻击，攻击致使其位于欧洲和美国的部分自动化生产线被迫关闭，并以手工生产流程运营冶炼厂。若当前情况持续，则可能导致延迟交货，甚至可能影响铝价格。据挪威国家安全局称，攻击者有可能使用了1月首次被发现的LockerGoga勒索软件，其不是一种大范围传播的勒索软件，但在早些时候也曾被用于攻击法国工程咨询公司。

（4）自动化设备生产商皮尔兹公司遭勒索软件攻击

2019年10月13日，总部位于德国的全球最大自动化设备生产商之一的皮尔兹公司遭遇BitPaymer勒索病毒的攻击，使得该公司在全球范围内的所有服务器和PC工作站，包括通信设施，都受到了影响。为预防起见，该公司切断了所有的网络连接，并阻止外部对公司网络的访问，同时皮尔兹公司的员工花费三天时间恢复电子邮件服务的访问，又花费三天时间恢复国际电子邮件服务，直到21日恢复对其产品订单和交货系统的访问。攻击持续一周，其订单系统无法正常工作，无法提交订单和检查客户状态，导致其在全球76个国家或地区的业务受到影响。